\\ モリモリ食べちゃう！/

みきママさんちの
アイデア離乳食

大人も子どもも大満足

忙しいママもラクラク!!

赤ちゃんとママ社

はじめに

はじめまして、みきママです！ この本を手にとってくださり、本当に本当にありがとうございます!!

みなさん、離乳食作りは楽しいですか？ 赤ちゃんは毎日元気にモリモリ食べていますか？

私が最初に離乳食作りに励んだのは長男（通称：はる兄）のとき。もう10年前になります。長男は比較的よく食べてくれましたが、次男（通称：れんちび）はあまり食べてくれなくて困りました。離乳食って、ちょっぴりしか食べないのに作るのに手間がかかりますよね。なのに食べてくれないと、悲しくなってしまいます～。

しかしそんな経験もすっかり忘れた2014年、思いがけずわが家に長女（通称：杏ちゃん）が誕生！ 久しぶりすぎてほとんど忘れてしまった離乳食作りに、再び取り組むことになりました。そうなると「おうち料理研究家」の血が騒ぎ（笑）、おいしく、カンタンで、バリエーションに富んだ離乳食を研究したくなりました。新米ママのときよりも料理スキルも、オリジナルレシピの量も格段にアップしている今！ リアルタイムで成長している杏ちゃんとともに試行錯誤し、どんな赤ちゃんでもモリモリ食べてくれるアイデアをこれでもか！ と盛り込んでまとめたのが本書です。

離乳食の進め方は赤ちゃんそれぞれ違います。本書はよく食べる杏ちゃんに沿ったレシピなので、量が多めで、進め方が少し早いかもしれません。そこはわが子用にアレンジしてあげてくださいね。ゴックン期（5～6ヵ月）、モグモグ期（7～8ヵ月）、カミカミ期（9～11ヵ月）、パクパク期（1歳～1歳6ヵ月）、そして子どもごはん（1歳7ヵ月～）の最初には、そのころの杏ちゃんの様子をまとめました。みなさんの赤ちゃんの成長・発達のめやすになれば嬉しいです。

今は大変でも、たった1年ちょっとで終わりが見えてくる離乳食。その限られた期間、家族みんながたくさんの笑顔とともに食卓をかこめますように!!

Contents

はじめに 2

ココがスゴイ！ みきママ離乳食
アイデアはここだ！ 6
みきママ離乳食　3つのルール 8

ゴックン期 （5～6ヵ月ごろ） 11
● 杏ちゃんDIARY　5～6ヵ月 12
おかゆ 14
パンがゆ 15
豆腐のトロトロ煮 15
にんじんのポタージュ 16
大根のポタージュ 17
かぶのポタージュ 17
さつまいものポタージュ 18
かぼちゃのポタージュ 19
じゃがいものポタージュ 19
カツオと昆布のだしキューブ 20
ブロッコリーのトロトロ煮 21
トマトのクリームスープ 21
しらす 22
白身魚のトロトロ煮 22
ほうれん草のミルク煮 23
キャベツのミルク煮 23

組み合わせは無限大！
2week Set Menu 24
月：白身魚の洋風煮／ポパイがゆ
火：ミルクパンがゆ／スイートキャベツ／
　　白身魚のトロトロ煮
水：しらすがゆ／とろ～り豆腐とにんじん煮
木：かぼちゃがゆ／かぶとブロッコリーの和風サラダ
金：グリーンリゾット／だし汁／
　　じゃがいものポタージュ
土：ほうれん草のミルクパンがゆ／
　　白身魚のトマトクリームスープ
日：おかゆ／しらす／緑黄色野菜のポタージュ
月：白身魚のクリームがゆ／
　　かぶとにんじんのポタージュ
火：しらすパンがゆ／かぼちゃのポタージュ／だし汁
水：大根のおかゆ／ほうれん草の白和え
木：三色がゆ／豆腐のトロトロ煮
金：おさかなリゾット／
　　ブロッコリーとさつまいものサラダ
土：キャロットパンがゆ／白身魚とかぶのポタージュ／
　　トマトクリームスープ
日：さつまいもがゆ／豆腐のすまし汁

残った離乳食は
離乳食カレーにしよう！ 31

モグモグ期 （7～8ヵ月ごろ） 33
● 杏ちゃんDIARY　7～8ヵ月 34
7倍がゆ 36
スーパーふりかけ 36
にゅうめん 37
うどん 37
にんじん 38
かぶ 39
大根 39
ほうれん草 40
小松菜 40
ブロッコリー 41
さつまいも 42
トマト 42
鶏ひき肉 43
豆腐 43
鮭 44
タラ 44
ツナ缶 45
キャベツ 45
白菜 45
あまった野菜で！　ミックス野菜 46

和・洋・中なんでもOK！
2week Set Menu 46
月：チキンライス／スイートポテト
火：鮭と野菜の炊き込みご飯風／さつまいものみそ汁
水：鮭チャーハン／白菜の中華ミルク煮
木：大根がゆ／肉じゃが
金：中華丼／かぶと魚のあんかけ
土：鮭のクリームリゾット／さつまいもサラダ
日：鶏と野菜の混ぜご飯／豆腐チャンプルー
月：けんちんうどん／スウィートヨーグルト
火：鶏と野菜の洋風煮込み／ミネストローネがゆ
水：食べたらロールキャベツ／パングラタン
木：野菜うどん／鮭のちゃんちゃん焼き風
金：鮭のクリームパスタ風／豆腐のトマト煮
土：お豆腐おやき／キャベツのミルクスープ
日：鮭とほうれん草のうどん／キャロットヨーグルト

COLUMN
妊娠中のおすすめレシピ！ 10
赤ちゃん大喜びのテッパンおやつ 32
はる兄、れんちび　育児ノイローゼに!? 54

カミカミ期	（9～11ヵ月ごろ）	
パクパク期	（1歳～1歳半ごろ）	59

- 杏ちゃんDIARY　9～11ヵ月 …… 60
- しょうが焼き …… 62
- 牛丼 …… 64
- 麻婆豆腐 …… 66
- 餃子 …… 68
- 焼きとり …… 70
- 鮭のホイル蒸し …… 72
- カレーライス …… 74
- デミグラハンバーグ …… 76
- あんかけ焼きそば …… 78
- 海南チキンライス …… 80
- フライパングラタン …… 82
- 回鍋肉 …… 84
- アラビアータ …… 86
- 杏ちゃんDIARY　12～15ヵ月 …… 88

子どもごはん　（1歳半～） …… 89
- ポテトサラダ …… 91
  - ➡ソッコーポテトキッシュ
- クリームシチュー …… 92
  - ➡クロックムッシュ
  - 揚げないクリームコロッケ
- 筑前煮 …… 94
  - ➡中華春雨サラダ
  - 和風ハンバーグ
- 野菜スープ …… 96
  - ➡クリームパスタ
  - パエリア
  - ナポリタン
- ミートソース …… 98
  - ➡チキンバターカレー風
  - レンチンブリトー
  - 揚げないコロッケ
- かぼちゃの煮物 …… 100
  - ➡キーマカレー
  - かぼちゃプリン
- 肉じゃが …… 102
  - ➡和風カレーうどん
  - ジャーマンポテトサラダ
- 五目豆 …… 104
  - ➡メンチカツ
  - チリコンカンパスタ
  - まぜるだけちらし寿司
- カレー …… 106
  - ➡タンドリーチキン
  - カレーピクルス
- おでん …… 108
  - ➡あんかけやきそば
  - ちゃんぽん
  - 中華おこわ
- ひじきの煮もの …… 110
  - ➡つくね
  - だし巻き玉子

杏ちゃんより10歳上の藤原家の長男。しっかり者で、忙しいみきママの大切な戦力。最近はちょっぴり反抗期!?

はる兄

れんちび

杏ちゃん

杏ちゃんの7歳上、マイペースな藤原家の次男。明るくのんびりした性格は、藤原家の癒し系。杏ちゃんのお世話も頑張っています！

家族だけでなく、親戚みんなの注目を一身に集める藤原家のお姫さま！このとき1歳6ヵ月。よく食べ、よく眠り、今日もスクスク元気です。

みんなでお祝い！イベントごはん

- お誕生日 …… 55
- ひなまつり …… 56
- こどもの日 …… 57
- クリスマス …… 58

> ここが
> スゴイ!!

時短! カンタン! 大変身!

みきママ離乳食
アイデアはココだ!

> 新米ママも、
> 新米パパも!
> ベテランママも、
> ベテランパパも!
> みんなが嬉しいアイデアを、
> ドドーンと大公開
> しちゃいます!!

とにかく時短!

食材に火を通してやわらかくしたら、「ガーッ」とミキサーで一発! モグモグ期になったら**トントン**細かく刻んでカップにポン!
製氷皿に入れて凍らせておけば、使いたいときに「ポン!」とすぐに1食分だけ取り出せます!

ガーッ

5〜6ヵ月

ポン!!

7〜8ヵ月

トントン、

ポトン!!

とっても カンタン!!

大人の食事からとり分けるときも超カンタン！ 包丁で**細かくして**、水分を足して**レンジでチン**！

とり出して

刻んで

チンするだけ！

ミニチュア離乳食 完成！

リメイクで 大変身!!

ただでさえ激ウマのメニューが、**攻めのリメイク**で大・変・身!! たくさん作って、今日も明日も明後日もず〜っと美味しさが続きます！！

カボチャの煮物が

あっという間に

激うまプリンに！ 変身！

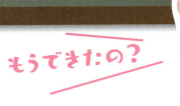

もうできたの？

みきママ離乳食 3つのルール

- レシピの1カップ＝200㎖、大さじ1＝15㎖、小さじ1＝5㎖です。
- 電子レンジは600W、トースターは1000Wを基準にしています。
- 「洗う」「皮をむく」などの下ごしらえは、特に表記のない場合は行ってから使用します。
- レシピは特に表記がない場合は1人分ですが、食べられる量には個人差がありますから、赤ちゃんの食べる量にあわせてください（ちなみに本書は、杏ちゃんがよく食べるので多めになっています）。

「離乳食づくり」って、煮てつぶして濾して、そのうえ消毒もあるし面倒…ってイメージがありますよね。でも、赤ちゃんは消化器官も免疫力もまだまだ未熟ですから、私たち大人が離乳食作りのルールを守ってあげないといけません。とはいえ、気にし過ぎたらいくらでも大変になってしまうのも離乳食！　ここでは私が杏ちゃんの離乳食をつくるときに守っていたことをご紹介します。

ルールはたった3つだけ！
これだけ守れば、赤ちゃんも安心です

しっかりたのむで

ルール1　準備をしよう！

まずは大人がきちんと手を洗い、髪の毛などをまとめます。ツメは短くし、私は指輪も外していました。ミキサーやざる、包丁、まな板、製氷皿なども使用前に熱湯をかけて消毒。ゴックン期（5～6ヵ月）の初期のうちは、使ったあとも消毒してあげると安心です！

そしてあげるときは、できれば同じ食卓について楽しい雰囲気作りを心がけて！　赤ちゃんも離乳食タイム＝楽しいと分かるとパクパク食べてくれるかもしれませんよ。

ルール2　まずはママが食べてみよう！

「うちの子、食べないんです～」と悩んでいるママ！　**そんなときは、ママが食べてみてください。**ゴックン期ならすぐ飲みこめるか？モグモグ期なら舌だけでつぶして飲みこめるか？カミカミ期は前歯だけで飲みこめるか？パクパク期は軽くかんで飲みこめるか？無理なく食べられる固さ、大きさですか？　食べない原因はここにあるかもしれませんよ！

わが子の成長に合わせよう!

この本では、月齢にそって**ゴックン期**（5〜6ヵ月ごろ）、**モグモグ期**（7〜8ヵ月ごろ）、**カミカミ期**（9〜11ヵ月ごろ）、**パクパク期**（1歳〜1歳半ごろ）の4つと、**1歳半〜の子どもごはん**に分けて紹介しています。月齢はあくまでも目安ですが、この柔らかさの順番であげることは大事ですから覚えておきましょう。

※1歳未満の赤ちゃんには、はちみつや黒砂糖をあたえないようにしましょう。

ゴックン期 (5〜6ヵ月ごろ)

トロトロのヨーグルト状

モグモグ期 (7〜8ヵ月ごろ)

1ミリ角くらいの大きさ。
豆腐くらいの舌でつぶせる固さ

カミカミ期 (9〜11ヵ月ごろ)

3ミリ角くらいの大きさ。
バナナくらいの歯ぐきでつぶせる固さ

パクパク期 (1歳〜1歳半ごろ)

7ミリ角くらいの大きさ。
肉だんごくらいの歯ぐきで噛める固さ

特にゴックン期は、赤ちゃんをよく観察することがポイント！　たとえ5ヵ月になっても「食べたくなさそうだな」と思ったら離乳食はまだ早いかもしれないし、よく食べても下痢が続くようなら固さや材料、または消毒に問題があるのかも。月齢にしばられたり、ほかの赤ちゃんとくらべたりしたら赤ちゃんの負担になりますから、よく観察して進めてあげたいですね！

一気にいってみよ〜!!

さあ、離乳食づくり
レッツ
ゴー!!

妊娠中のおすすめレシピ！

妊娠中は体調に波があるし、無理もできないけど食事は作らなくちゃ！
そんなときに私が作っていたメニューをご紹介します。
手間いらずで時短、もちろん味はバツグン!!

とまらない味です！

ときどきは辛いものが食べたい！

調理時間10分!!

ほうれん草カレー

材料 [4人分]

- ほうれん草（5cmに切る）……2束（400g）
- 鶏もも肉（一口大に切る）……1枚
- 玉ねぎ（みじん切り）……2個
- カットトマト缶……1缶（400g）
- おろしにんにく……小さじ1
- おろししょうが……小さじ1
- 水……300cc
- A
  - 鶏がらスープの素……大さじ3と1/2
  - 砂糖……大さじ3
  - 塩……小さじ1/2
  - 生クリーム……200cc
  - カレー粉……大さじ4
- ピザ用チーズ……100g

作り方

1. ほうれん草をゆでたらよくしぼる。ミキサーにトマト缶、水、ほうれん草の順に入れ2分ほど撹拌する。
2. フライパンにサラダ油（大さじ1）をひき、玉ねぎ、にんにく、しょうが、鶏肉を加え、ふたをして時々混ぜながら10分ほど炒め煮する。
3. 2に1とAを加えて5分ほど煮たら、最後にピザ用チーズを入れる。

本格キムチ鍋

材料 [4人分]

- 豚小間肉…300g
- 白菜（ざく切り）……1/8個（400g）
- ねぎ（斜め切り）……1本
- にんじん（短冊切り）……1本
- ニラ（7cm幅に切る）……1束
- 片栗粉……大さじ1
- A
  - 水……1200cc
  - 白菜キムチ……300g
  - 酒・みりん・コチュジャン・味噌……各大さじ3
  - 鶏がらスープの素……大さじ2
  - 砂糖……大さじ1/2
  - 塩・こしょう……各少々

作り方

1. 深めの鍋にAを入れ強火で煮立たせる。ボウルに豚小間肉と片栗粉を入れてよく混ぜる。
2. 1にニラ以外の野菜、豚肉を入れ、野菜に火が通るまで中火で5分煮て、最後にニラと、鷹の爪と胡麻（お好みで）をのせて食べる。

超特急！チキン南蛮

材料 [4人分]

- 鶏もも肉（厚さ1cmの観音開きにし、1枚当たり12等分に切る）……2枚（540g）
- 下味
  - しょうゆ・酒・おろししょうが……各小さじ1
- 片栗粉……大さじ6
- ●甘酢だれ
  - 砂糖……大さじ4
  - しょうゆ……大さじ3
  - 酢……大さじ2
  - 片栗粉……大さじ1/2
- ●タルタルソース
  - 卵……2個
  - 牛乳……小さじ2
  - マヨネーズ……大さじ6
  - 砂糖……小さじ1
- サラダ油……大さじ2～3
- パセリ（細かく刻む）……適量

作り方

1. 鶏肉に下味をもみこみ、片栗粉をまぶして片面を5分ずつ中火～強火で揚げ焼きし、最後に強火でカリッとさせる。
2. 卵と牛乳をよくまぜ、ラップをせずに電子レンジで1分30秒加熱。マヨネーズと砂糖を加え、卵をフォークでほぐしながらよく混ぜる。
3. 1が揚がったら、キッチンペーパーをしいた皿にとり出す。フライパンの油を拭きとり、よく混ぜた甘酢だれを入れ、中火にかけて木べらで混ぜとろみがついたら鶏肉をもどしてからめる。
4. 3を器に盛り、2のタルタルソースをかけ、パセリをふってできあがり。

臨月の入学式です！

大きなお腹でブログを書いていました

ゴックン期 5〜6ヵ月ごろ

ママやパパが食べるすがたをジーっと見ていたり、スプーンを口に入れても嫌がらなくなったらそろそろ離乳食スタート！ 月齢ではなく、赤ちゃんの様子をみて、焦らずにはじめてくださいね！

かたさ、大きさは？

トロトロのヨーグルト状
ゴックンと飲み込める状態です

ママチェック!!

まずはママが食べてみてね!!

☆調味料は使いません。トロトロにするときは、湯冷ましか野菜スープ（野菜の煮汁）か、だし汁でのばします。

どのくらいあげたらいいの？

1回量のめやす　最初はひとさじから。様子をみて増やしていきます。

 +  + =

ごはん・パン・めん類 30〜40gくらい	肉・魚 5〜10gくらい または 豆腐 10〜15gくらい	野菜 10gくらい	献立 45〜65gくらい

☆1さじ、2さじと増やしていき、1日2回食にすすめられるかな？　という時期の目安量です。

杏ちゃん DIARY 5-6ヵ月

おっぱいをたっぷり飲んで、はじめての離乳食も興味しんしんでモリモリ！ が逆にあまりに食べるのでちょっと心配でした。

5ヵ月離乳食

かぶとにんじんのトロトロ煮＋10倍がゆ。 かぼちゃやさつまいもが大好き。葉ものもミルクを入れたら次々食べるようになりました。

「深いコップでつぶすとつぶれやすく、もれずにラクチン。」

「ひとみしりまっさい中！」
母も旦那もだめ。ママじゃないとだめなんです。

「ギャー」

「いたい！でも楽し～」

「おかゆと豆腐でまずは食べる練習です。」

「あーん」

「なんやこれ！うまいやないか～」

「はじめてのおともだちだよ！」

「ママ今日もうまいで」

「もっともっと」

「下の歯がはえて、いくらでもいけるで～」

6ヵ月離乳食

左：しらす＋野菜いろいろ
中央：たら＋かぼちゃ
右：豆腐のトロトロ煮＋7倍がゆ＋さつまいもとにんじんマッシュ

品数が1品増えました。大好きな魚も続くと飽きちゃうので、冷凍野菜キューブを使ってバリエーション豊富に。おかげで魚メニューが続いても食べてくれました。

「ぬいぐるみでまわりを固めるとよく寝られるの」

「口ぐせはうぉ～」

「寒くても元気だよ!!」

それぞれの味を知ってほしいから、**おかゆ＋さつまいも＋だし汁**のように素材で分けてあげることもありました。

ゴックン期(5〜6カ月)の"みきママキーワード"は…

製氷器フリージング!!

step 1 ミキサーでなめらかに

step 2 製氷器で冷凍

ガーッ、ポン!!

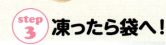

食材をやわらかく加熱したら、**ガーッ**とミキサーにかけて、製氷器で冷凍。使うときは**ポン！** と出すだけ。いろいろな食材で作っておけば、組み合わせも自由自在です！フリージングは1週間をめやすに使い切ってね！！

step 3 凍ったら袋へ！

❗ 加熱するとき、特に表記のない場合は耐熱皿にのせてラップをせずに電子レンジへ！

おかゆ

材料 [14個分]
炊いたご飯(茶碗大盛り1杯分)……200g
水……5カップ

作り方

1. 鍋にご飯と水を入れ(写真ⓐ)、強火で沸騰させたら、弱めの中火にしてうわずみがどろどろになるまでふたをせずに25分煮る(写真ⓑ)。水分が少なくなってきたら、こげないようにときどき混ぜ、1時間ほどおいて粗熱を取る(できあがりは水分が多いですが、粗熱をとってる間に吸収されます)。

2. ミキサーに半量を入れ、なめらかになるまで撹拌する(5ヵ月は20秒、6ヵ月は5秒が目安・写真ⓒⓓ)。残りの半量も同様にし、製氷器に大さじ2ずつ流し入れて冷凍する。
   ※半量で作る場合……材料半分で10分煮る

原寸大

食べるときは電子レンジで1個30〜40秒ラップをせずに加熱してね。

止まったらスプーンでまぜます。

トロ〜リとしたらでき上がり!

冷凍したおかゆを製氷器からとり出すときは、15分ほどおいてからとるとカンタンだよ!

ミキサーがなかったら茶こしでこしてね。

炊飯器でおかゆ

材料 [2食分]
米……15g
水……¾カップ

作り方

1. 高さのある耐熱容器に洗った米と水を入れ、3合のお米と水が入った釜の中央に置き、ご飯と一緒に普通に炊く(写真ⓐ)。

2. 取り出して麺棒で米を潰す(写真ⓑ)。茶こしでもOK。

ミキサーでは回せない量なので、麺棒でつぶしてね!

ゴックン期 5〜6ヵ月

♥ パンがゆ

材料 [5個分]
食パン（8枚切り：耳は切り落とす）……1枚
粉ミルク……小さじ1
湯冷まし……¼カップ

作り方
1. 耐熱グラスに湯冷ましと粉ミルクとパンをちぎって入れ（写真ⓐ）、ラップをしないで電子レンジで30秒加熱する。取り出したら、フォークでパンを切るようにしっかり潰す（写真ⓑ）。
2. 製氷器に大さじ1ずついれ冷凍保存する。食べるときは電子レンジで1個30〜40秒加熱する。

パンは小麦アレルギーの心配があるため6か月以降にあげてね！

♥ 豆腐のトロトロ煮

材料 [9個分]
絹ごし豆腐……½丁（150g）
カツオと昆布のだしキューブ（p20）……2個（60cc）
片栗粉……小さじ1

作り方
1. だしキューブを600wの電子レンジで2分加熱して溶かし、豆腐といっしょにミキサーでなめらかになるまで撹拌する。片栗粉を加え（写真ⓐ）、粉っぽさが完全になくなるまで混ぜる。
2. 1を電子レンジで2分加熱し、とろみがつくようにかき混ぜる（写真ⓑ）。
3. 2を大さじ1ずつ製氷器に入れて冷凍する。食べるときは電子レンジで1個30〜40秒加熱する。

豆腐の水切り必要なし！ すぐに作れますよ！

にんじんのポタージュ

材料 [10個分]
にんじん……1本（180g）
カツオと昆布のだしキューブ（p20）……4個（120cc）

作り方

1. 皮をむいたにんじんを1cmの厚さの半月切りにして耐熱皿に入れ、上から軽く水（分量外）をかけてラップをし、電子レンジで6分加熱する（写真ⓐ）。だしキューブをレンジで4分加熱する。

2. 溶かしただしと粗熱をとった**1**をミキサーに入れて（写真ⓑ）トロトロになるまで撹拌する（写真ⓒ）。6ヵ月は軽く10秒ほどミキサーで撹拌する。

3. **2**を大さじ1ずつ製氷器に入れて冷凍する（写真ⓓ）。食べるときは電子レンジで1個30〜40秒加熱する。

ミキサーで混ざりにくくなったら、一度止めてスプーンなどでかき混ぜてみてね！

野菜はどれもこんな手順です！

ミキサーがない場合は、茶こしでつぶしてね！

ゴックン期 5〜6ヵ月

大根のポタージュ

材料　[11個分]
大根……¼本（200g）
カツオと昆布のだしキューブ（p20）……2個（60cc）

作り方

1. 皮をむいた大根を厚さ1cmの半月に切り耐熱皿に入れ、上から軽く水（分量外）をかけてラップをし、電子レンジで8分加熱する（写真ⓐ）。だしキューブはレンジで2分加熱する。
2. 溶かしただしと粗熱をとった**1**をミキサーに入れてトロトロになるまで撹拌する。6ヵ月は、軽く10秒ほどミキサーで撹拌する。
3. **2**を大さじ1ずつ製氷器に入れて冷凍する。食べるときは電子レンジで1個30〜40秒加熱する。

食べちゃうポイント
冬以外の大根を使うときは、苦味があるので粉ミルクを入れてあげると食べやすくなりますよ！

かぶのポタージュ

材料　[16個分]
かぶ……2株（450g）
粉ミルク……大さじ1
湯冷まし……大さじ3

作り方

1. 葉と皮を切り落としたかぶを4等分にし、耐熱皿に乗せ軽く水をふり、ラップをして電子レンジで5分加熱する（写真ⓐ）。
2. **1**の粗熱をとったら、湯冷ましと粉ミルクといっしょにミキサーに入れ（写真ⓑ）トロトロにする（写真ⓒ）。繊維が多いので、6ヵ月もトロトロになるまで撹拌する。
3. **2**を大さじ1ずつ製氷器に入れて冷凍する。食べるときは電子レンジで1個30〜40秒加熱する。

食べちゃうポイント
かぶはえぐみがあるので、粉ミルクを加えると食べやすくなりますよ！

♡ さつまいものポタージュ

材料 ［12個分］
さつまいも……½本（125g）
湯冷まし……150cc

作り方

1 皮をむき、厚さ1cmの半月に切って、耐熱皿にのせる。水（大さじ1）をかけ、ラップをして電子レンジで2分30秒加熱する（写真ⓐ）。

2 粗熱をとった**1**と湯冷ましをミキサーに入れ（写真ⓑ）、トロトロになるまで撹拌する（写真ⓒ）。6ヵ月は軽く10秒ほど撹拌する。

3 **2**を大さじ1ずつ製氷器に入れて冷凍する（写真ⓓ）。食べるときは電子レンジで1個30～40秒加熱する。

キューブ状にしてフリーザーバッグに保存してね！

5～6ヵ月は
ボクら大活躍！

ミキサーさん
茶こしさん

いも類は、水分を加えてミキサーにかけると量が増えますよ

ゴックン期 5〜6ヵ月

♥ かぼちゃのポタージュ

材料 [13個分]
かぼちゃ……1/8個（200g）
湯冷まし……1/2カップ

作り方

1. タネをとったかぼちゃを耐熱皿にのせ、軽く上から水（分量外）をかけ、電子レンジでラップをして5分加熱する。やけどに注意しながら、皮を包丁ではがす。

2. 粗熱をとった1と湯冷ましをミキサーに入れ、トロトロになるまで撹拌する。6ヵ月は軽く10秒ほど撹拌します。

3. 2を大さじ1ずつ製氷器に入れて冷凍する。食べるときは電子レンジで1個30〜40秒加熱する。

♥ じゃがいものポタージュ

材料 [13個分]
じゃがいも…1個（150g）
湯冷まし……150cc

作り方

1. 皮をむき、厚さ1cmの半月に切って、耐熱皿にのせる。軽く上から水（分量外）をかけ、ラップをして電子レンジで3分加熱する。

2. 粗熱をとった1と湯冷ましをミキサーに入れ、トロトロになるまで撹拌する。6ヵ月は軽く10秒ほど撹拌します。

3. 2を大さじ1ずつ製氷器に入れて冷凍する。食べるときは電子レンジで1個30〜40秒加熱する。

カツオと昆布のだしキューブ

これがあると「ホントに便利」ってママが言ってたよ♥

野菜やおさかな、色々なものに混ぜられておいしくなるの?

材料 [1個30ccを30個分]
かつお節……20g
水……5カップ
昆布（長さ10cmのもの）……3枚（10g）

作り方

1. 昆布の表面の汚れを乾いた布かキッチンペーパーで拭き（写真ⓐ）、切り目を入れる（写真ⓑ）。鍋に水と昆布を入れ、約30分つけておく（写真ⓒ）。

2. 1を火にかけ、弱めの中火にして、沸騰直前に昆布をとり出す（写真ⓓ）。そのまま沸騰させ、かつお節を加えて（写真ⓔ）約1分煮る。

3. 火を止めて、約3分おく。ボウルにキッチンペーパーを敷いたザルをのせて、少しずつ2を注いでこす（写真ⓕ）。

4. 製氷器に大さじ2ずつ流しいれ冷凍保存する。使うときは電子レンジで1分～1分10秒加熱する。

ゴックン期　5〜6ヵ月

♥ ブロッコリーのトロトロ煮

材料　[8個分]
ブロッコリー……½株（茎付きで125g）
粉ミルク……大さじ1
片栗粉……小さじ1
かつおと昆布のだしキューブ（p20）……3個（90cc）

作り方

1. ブロッコリーの穂先だけを中火で4分ゆでて粗熱をとる。電子レンジで3分加熱しただしキューブと粉ミルク、ブロッコリーをミキサーに入れ、しっかり撹拌する。
2. 1を耐熱容器にうつして片栗粉が完全に溶けるまで混ぜ（写真ⓐ）、600wの電子レンジでラップをせずに2分加熱し、とろみがつくまで混ぜる（写真ⓑ）。
3. 2を大さじ1ずつ製氷器に入れて冷凍する。食べるときは電子レンジで1個30〜40秒加熱する。

食べちゃうポイント
つぶつぶが得意じゃない赤ちゃんには、粉ミルクを入れると食欲アップ！！

♥ トマトのクリームスープ

材料　[6個分]
トマト……1個（200g）
粉ミルク……大さじ1

作り方

1. 鍋に湯を沸かし、ヘタをとり皮に十文字に切れ目を入れたトマトを入れ、ゆでる（写真ⓐ）。
2. 中火で3分ほどゆでたトマトを冷水にかけながら皮をむく（写真ⓑ）。半分に切り、タネをとり除く。一口大に切り、粉ミルクとミキサーに入れ撹拌する。
3. 製氷器に大さじ1ずつ流しいれ冷凍する。食べるときは電子レンジで1個30〜40秒加熱する。

食べちゃうポイント
酸味のあるトマトは、粉ミルクを入れると甘みが増してモリモリ食べます。

♥ しらす

材料［8個分］
しらす干し……100g
水……70cc

作り方

1. 鍋に湯（分量外）を沸かし、塩ぬきするために中火で1分サッとゆでて（写真ⓐ）ザルにあげる。
2. 粗熱をとった**1**と水をミキサーにかけ（写真ⓑ）、トロトロになるまで撹拌する。
3. **2**を大さじ1ずつ製氷器に入れ冷凍する。食べるときは電子レンジで1個30〜40秒加熱する。

♥ 白身魚のトロトロ煮

材料［6個分］
真たらの切り身……1切れ（100g）
カツオと昆布のだしキューブ（p20）
　……2個（60cc）
片栗粉……小さじ1

作り方

1. 鍋で真たらが浸かる量の湯を沸かし、沸騰したら真たらを中火で4〜5分ゆでる（写真ⓐ）。ザルにあげ、皮を剥がし、骨をとる。
2. だしキューブを電子レンジで2分加熱して溶かし、**1**の真たらとミキサーに入れ、しっかり撹拌する（写真ⓑ）。
3. 耐熱容器にうつしたら片栗粉をしっかりと混ぜ（写真ⓒ）、電子レンジでラップをせずに2分加熱してとろみがつくまでよく混ぜる（写真ⓓ）。
4. **2**を大さじ1ずつ製氷器に入れて冷凍する。食べるときは、電子レンジで1個30〜40秒加熱する。

> たらはまれに発疹が出ることがあります。たい、ひらめ、かれいなどをためしてからにしてね！

ゴックン期 5〜6ヵ月

ほうれん草のミルク煮

材料 [10個分]
ほうれん草……1束（200g）
湯冷まし……70cc
粉ミルク……大さじ1と½

作り方

1. 鍋にたっぷりの湯を沸騰させ、ほうれん草のアクを取るために中火で5分ゆでて（写真ⓐ）、水で洗って水けをしっかり切る。葉と茎を切り分けて、葉の部分のみ使う。
2. ミキサーに1と湯冷まし、粉ミルクを入れて撹拌する（写真ⓑ）。6ヵ月は軽く20秒かけ、大さじ1ずつ製氷器に入れて冷凍。食べるときは電子レンジで1個30〜40秒加熱する。

食べちゃうポイント
粉ミルクを入れると甘みが増して、苦みのある葉ものが食べやすくなります！

キャベツのミルク煮

材料 [10個分]
キャベツ…1/12個（100g）
湯冷まし……70cc
粉ミルク……大さじ1

作り方

1. 耐熱皿にキャベツを芯ごとのせ、軽く水（分量外）をかけラップをして電子レンジで4分加熱する（写真ⓐ）。
2. 以下の手順はほうれん草と同様（写真ⓑⓒ）。6ヵ月は軽く10秒撹拌し冷凍保存する。

粉ミルクと湯冷ましを入れて しっかり撹拌

2week SetMenu

組み合わせは無限大！

離乳食の悩みのひとつ「ワンパターン」。
みきママ離乳食のフリージングキューブを使えば、組み合わせは無限大!?

解凍時間のめやす

耐熱皿に乗せてラップをせずに電子レンジで加熱してください。

キューブ 1つ ──── 30～40秒
キューブ 2つ ── 1分～1分10秒
キューブ 3つ ──── 1分30秒

※だしキューブは1つあたり1分～1分10秒加熱してください

ポパイがゆ！
パンがゆ　ほうれん草　ポン　チン!!　完成！

三色がゆ！
ほうれん草　おかゆ　にんじん　ポン　チン!!　完成！

たくさん種類があれば栄養満点のお家レストラン!!

ママもラクチン

月 Monday

使うキューブ▼
- 白身魚
- 大根
- ほうれん草
- パンがゆ

洋食

原寸大

白身魚の洋風煮

材料【1人分】
白身魚のトロトロ煮キューブ（p22）……1つ
大根のポタージュキューブ（p17）……1つ

ポパイがゆ

材料【1人分】
ほうれん草ミルク煮キューブ（p23）……1つ
パンがゆキューブ（p15）……1つ

火 Tuesday 洋食

ゴックン期 5～6ヵ月

ミルクパンがゆ
材料 [1人分]
パンがゆキューブ（p15）……1つ
粉ミルク……2つまみ

スイートキャベツ
材料 [1人分]
キャベツのミルク煮キューブ（p23）……1つ
さつまいものポタージュキューブ（p18）……1つ

白身魚のトロトロ煮
材料 [1人分]
白身魚のトロトロ煮キューブ（p22）……1つ

使うキューブ
▼
- パンがゆ
- キャベツ
- さつまいも
- 白身魚

水 Wednesday 和食

しらすがゆ
材料 [1人分]
しらすキューブ（p22）……1つ
おかゆキューブ（p14）……1つ

とろ～り豆腐とにんじん煮
材料 [1人分]
豆腐のトロトロ煮キューブ（p15）……1つ
にんじんのポタージュキューブ（p16）……1つ
大根のポタージュキューブ（p17）……1つ

使うキューブ
▼
- しらす
- おかゆ
- 豆腐
- にんじん
- 大根

木 Thursday 和食

かぼちゃがゆ

材料 [1人分]
かぼちゃのポタージュキューブ（p19）……1つ
おかゆキューブ（p14）……1つ

かぶとブロッコリーの和風サラダ

材料 [1人分]
ブロッコリーのトロトロ煮キューブ（p21）……1つ
かぶのポタージュキューブ（p17）……1つ
豆腐のトロトロ煮キューブ（p15）……1つ

使うキューブ▼
- かぼちゃ
- おかゆ
- ブロッコリー
- かぶ
- 豆腐

金 Friday 洋食

グリーンリゾット

材料 [1人分]
しらすキューブ（p22）……1つ
おかゆキューブ（p14）……1つ
ブロッコリーのトロトロ煮キューブ（p21）……1つ

だし汁

材料 [1人分]
カツオと昆布のだしキューブ（p20）……1つ

じゃがいものポタージュ

材料 [1人分]
じゃがいものポタージュキューブ（p19）……1つ

使うキューブ▼
- しらす
- おかゆ
- ブロッコリー
- じゃがいも
- だし

ゴックン期 5〜6カ月

土 Saturday / 洋食

白身魚のトマトクリームスープ

材料 [1人分]
白身魚のトロトロ煮キューブ（p22）……1つ
トマトのクリームスープキューブ（p21）……1つ

ほうれん草のミルクパンがゆ

材料 [1人分]
ほうれん草のミルク煮キューブ（p23）……1つ
パンがゆキューブ（p15）……1つ

使うキューブ
- ほうれん草
- パンがゆ
- 白身魚
- トマト

日 Sunday / 和食

しらす

材料 [1人分]
しらすキューブ（p22）……1つ

おかゆ

材料 [1人分]
おかゆキューブ（p14）……1つ

緑黄色野菜のポタージュ

材料 [1人分]
にんじんのポタージュキューブ（p16）……1つ
ブロッコリーのトロトロ煮キューブ（p21）……1つ
かぼちゃのポタージュキューブ（p19）……1つ

使うキューブ
- おかゆ
- しらす
- にんじん
- ブロッコリー
- かぼちゃ

使うキューブ ▼
- 白身魚
- おかゆ
- にんじん
- かぶ

② 月 Monday 洋食

かぶとにんじんのポタージュ

白身魚のクリームがゆ

材料 [1人分]
- 白身魚のトロトロ煮キューブ（p22）……1つ
- おかゆキューブ（p14）……1つ
- 粉ミルク……2つまみ

作り方
耐熱皿にのせてレンジでラップをせず1分加熱し、粉ミルクを混ぜる。

材料 [1人分]
- かぶのポタージュキューブ（p17）……1つ
- にんじんのポタージュキューブ（p16）……1つ

使うキューブ ▼
- しらす
- パンがゆ
- かぼちゃ
- だし

② 火 Tuesday 洋食

かぼちゃのポタージュ

材料 [1人分]
- かぼちゃのポタージュキューブ（p19）……1つ

しらすパンがゆ

材料 [1人分]
- しらすキューブ（p22）……1つ
- パンがゆキューブ（p15）……1つ

だし汁

材料 [1人分]
- カツオと昆布のだしキューブ（p20）…1つ

ゴックン期 5～6ヵ月

② 水 Wednesday 和食

大根のおかゆ

材料 [1人分]
おかゆキューブ（p14）……1つ
大根のポタージュキューブ（p17）……1つ

ほうれん草の白あえ

材料 [1人分]
ほうれん草のミルク煮キューブ（p23）…1つ
豆腐のトロトロ煮キューブ（p15）…1つ

使うキューブ▼
おかゆ
大根
ほうれん草
豆腐

② 木 Thursday 和食

三色がゆ

材料 [1人分]
ほうれん草のミルク煮キューブ（p23）……1つ
にんじんのポタージュキューブ（p16）……1つ
おかゆキューブ（p14）……1つ

豆腐のトロトロ煮

材料 [1人分]
豆腐のトロトロ煮キューブ（p15）……1つ

使うキューブ▼
ほうれん草
にんじん
おかゆ
豆腐

金 Friday

使うキューブ
- 白身魚
- おかゆ
- ブロッコリー
- さつまいも

②

洋食

ブロッコリーとさつまいものサラダ

おさかなリゾット

材料［1人分］
白身魚のトロトロ煮キューブ
（p22）……1つ
おかゆキューブ
（p14）……1つ
粉ミルク……2つまみ

材料［1人分］
ブロッコリーのトロトロ煮キューブ
（p21）……1つ
さつまいものポタージュキューブ
（p18）……1つ

> ブロッコリーを食べやすくするため、甘みのあるさつまいもと合わせました。

土 Satuaday

使うキューブ
- にんじん
- パンがゆ
- かぶ
- 白身魚
- トマト

②

洋食

白身魚とかぶのポタージュ

材料［1人分］
かぶのポタージュキューブ
（p17）……1つ
白身魚のトロトロ煮キューブ
（p22）……1つ

キャロットパンがゆ

材料［1人分］
にんじんのポタージュキューブ
（p16）……1つ
パンがゆキューブ
（p15）……1つ

トマトクリームスープ

材料［1人分］
トマトのクリームスープキューブ
（p21）……1つ

② 日 Sunday　和食

ゴックン期 5〜6ヵ月

使うキューブ
▼
おかゆ
さつまいも
豆腐
だし
キャベツ

さつまいもがゆ

■材料 [1人分]
おかゆキューブ (p14) ……1つ
さつまいものポタージュキューブ (p18) ……1つ

豆腐のすまし汁

■材料 [1人分]
豆腐のトロトロ煮キューブ (p15) ……1つ
かつおと昆布のだしキューブ (p20) ……1つ
キャベツのミルク煮キューブ (p23) ……1つ

残った離乳食は 離乳食カレーにしよう!!

まとめて作ってフリージングした離乳食は、とっても便利。
でも冷凍期間が長くなってしまったり、成長して食べなくなったりして、あまらせてしまうことも。
そんなときは、まとめて煮込んでカレーにして、パパとママで食べちゃおう！

使わなくなった離乳食を鍋に入れて…

お好みのルーとともに煮込むだけ。

ご飯に合わせるだけじゃもったいない！

カレーソースとして、カレードリア、カレーグラタン、ドライカレー、ジャンバラヤ、パエリヤなどにもバツグンです！！
コンソメを入れてスープにしてもいいですね！

粉ミルクやだし汁がいいコクになり、栄養満点で濃厚なカレーになります！

COLUMN 2

みきママ's 赤ちゃん大喜びのテッパンおやつ

一度にたくさん食べられない赤ちゃんは、おやつも1食（補食）として、栄養バランスを考えたいもの。"みきママのテッパンおやつレシピ"なら、少食の赤ちゃんでもペロッと食べちゃいます。とっても簡単なので、ぜひ作ってみてください！

カミカミ期　9～11ヵ月

おにぎり
（2食分）

半分に切った海苔に軟飯（白米80gに水大さじ5を入れて、ラップをせずに電子レンジで3分）をのせて広げ、その上に残り半分の海苔を重ね、10分ほどなじませたら、はさみで1cm角に切る。

コロコロマッシュポテト
（2食分）

耐熱皿に小さく切ったじゃがいも（1個）をのせて水を振り、ラップをして電子レンジで3分加熱。フォークでつぶし、粉ミルク（小さじ1）を混ぜて10等分して丸める。

ミニお好み焼き
（2食分）

ボウルにみじん切りしたキャベツ（1枚分）・薄力粉（大さじ4）・水（大さじ2）・かつお節（少々）を入れて混ぜ、両面を弱めの中火で2分ずつ焼く。2cm角にカットしたら、かつおぶしをかけて食べる。

パクパク期　1～1歳半

ジャムロール
（2食分）

ラップの上に8枚切りの食パン1枚をのせ、麺棒で5mmの厚さに伸ばしてジャム（小さじ1）をぬり、ラップごと丸めて端をねじって10分置き、半分に切る。

フレンチトースト
（2食分）

卵（1個）・牛乳（大さじ3）・砂糖（小さじ1）を混ぜ、16等分に切った8枚切りの食パン（1枚）をしみこませて、フライパンにバター（5g）を入れて弱めの中火で両面2分ずつ焼く。

ふわふわ手作りチーズパン
（2食分）

ボウルにホットケーキミックス（150g）・無糖のプレーンヨーグルト（100g）・サラダ油（大さじ1）を入れて混ぜ、油（少々）を塗ったアルミホイル上にスプーンで4つに分けてのせ、ピザ用チーズ（20g）をそれぞれにふりかけてトースターで10分焼く。

モグモグ期 7〜8ヵ月ごろ

ゴックン期の離乳食が口を閉じて飲み込めるようになったら、そろそろ次のステップへ！ モグモグできるようになり、食べられる食材も広がります。赤身の肉や魚などは、パサパサしないようにトロミを付けてあげましょう！

かたさ、大きさは？

かたさの目安は 木綿豆腐
舌と上あごでつぶせる状態です

☆だし汁でじゅうぶんおいしく食べられますがモグモグ期後半になったら、風味付け程度のしょうゆ、塩は使ってもOK！

ママが舌だけでつぶして飲み込めますか？

ママチェック!!

どのくらいあげたらいいの？

1回量のめやす はじめてあげる食材は、アレルギーにも注意してひとさじから。

 +  +  =

ごはん・パン・めん類
50〜80g

肉・魚 10〜15g
または
豆腐 30〜40g

野菜
20〜30gくらい

献立
80〜150g

☆一日2回食です。

杏ちゃん DIARY 7-8ヵ月

何にでも興味しんしん。動きが活発になってきました。よく食べるからエネルギーにあふれ、8ヵ月になるとずりばい、つかまり立ちが始まりました。もっと赤ちゃんでいてよー！

食べる！食べる！食べる杏ちゃん！

もっとくれー / 口ぐせは う〜う〜

3分でごはん！ ポン！ → チン！

おかゆ＋しゃけ＋ブロッコリー。 鮭にはスーパーふりかけをかけて和風リゾット、ブロッコリーには粉ミルクをかけてミルクリゾットにしました。

お外ごはんもモリモリ！

クリスマスもフリージングが大活躍です

もうすぐできるよー

豆腐のおやき＋じゃがいものマッシュ。 手づかみ食べにはまっています。毎食コップで麦茶を置いたら、びしょびしょになりながら少しずつ飲めるように。

ベァー

ママがお仕事中は杏ちゃんはおんぶひもの中。おんぶすると家事がはかどるんだー（笑）

キッチングッズだいすきー！
つかんだら何でもポーイ！投げまくりです。

1人で座れるようになったよ

干しいも大好き♥

歩きたいし食べたいの

つかみ食べもするようになりました。汚す、散らかす…アクマですー。

コッソリ移動中…

気分転換はお散歩です。お菓子もデビューしました！

モグモグ期（7〜8カ月）の "みきママキーワード" は…

カップフリージング!!

step 1 ごく細かく刻む

トントン、

step 2 大さじ1（15g）ずつカップに小分けにして…

ポトン!!

食材を加熱したら、包丁で**トントン**細かく刻みます。お弁当カップに**ポトン！**と落としたらカップごと冷凍して、袋へ移し、まとめて保存へ。

step 3 凍ったら袋へ！

私は、1回でこんなふうにたくさん作っておきます。便利ですよ！

⚠ 加熱するとき、特に表記のない場合は耐熱皿にのせてラップをせずに電子レンジへ！

7倍がゆ

材料［35個分］
炊いたご飯……400g
水……8カップ

作り方

1. 鍋にご飯と水を入れて強火で沸騰させたら、ふたをせず弱めの中火にして25分煮る。焦げないように混ぜながら、上澄みの汁が少し残るくらいまで煮込む。
2. ふたをして、1時間ほど置いて粗熱を取る。
3. 製氷器に大さじ2ずつ入れてすぐに冷凍する。食べるときは、電子レンジで1個40～50秒加熱する。

※半量で作る場合
　……材料半分で12分煮る

おかゆはカップより製氷器の方が作りやすいよ！

スーパーふりかけ

この時期はまだ少量からふって風味づけに使ってくださいね！

材料［14回分］
かつお節……12g
青のり……小さじ2
塩……小さじ1/4
砂糖……小さじ1/3

作り方

1. 材料をすべてミキサーにかけ、かつお節が粉末状になったら完成（写真ⓐ）。密閉容器などに入れて保存する（写真ⓑ）。

味付けにいつでも使える！

食べちゃうポイント
どんな食材もおいしくしちゃいます！おかゆにかけて、お出かけご飯にしてもいいね！

モグモグ期 7〜8ヵ月

にゅうめん

材料 [6個分]
そうめん（細かく5mm程度に折る）
　……1束分（50g）
湯冷まし……¼カップ

作り方
1. 沸騰させた湯にそうめんを入れ、吹きこぼれないように注意しながら弱めの中火で軽く指で押したらつぶれるまで8分ゆでる。ザルに上げ、水（分量外）で洗う。
2. 1に湯冷ましを入れて混ぜ、50gずつラップにくるんですぐに冷凍する。食べるときは、電子レンジでラップをしたまま1分〜1分10秒加熱する。

折ってからそうめんをゆでることにより、最後に細かく刻む手間いらずです！

うどん

材料 [12個分]
チルドうどん
　（細かく2mmに刻む）……2玉分（400g）

作り方
1. たっぷりの湯にうどんを入れ、弱めの中火で軽く指で押したらつぶれるまで8分ほどゆでる。
2. ザルに上げ、50gずつラップに包みすぐに冷凍する。食べるときは、電子レンジでラップをしたまま1分〜1分10秒加熱する。

乾燥うどんや冷凍うどんより、チルドうどんのほうがやわらかいのでオススメ！

にんじん

材料 [6個分]
にんじん……1本（180g）

作り方

1. 皮をむき、厚さ1cmの半月切りにする。耐熱容器にのせ、上から軽く水（分量外）をふりラップをして電子レンジで6分加熱する。

2. にんじんがごくやわらかくなっているか確認したら、粗熱をとって包丁で1mm幅に刻む（写真ⓐ）。

3. お弁当カップに小分けし（写真ⓑ）、すぐに冷凍する。食べるときは、電子レンジで1個30〜40秒ラップをせずに加熱する。

7〜8カ月は、ママが前歯でかんで飲み込めるくらい、よく刻んでね。

15gずつお弁当カップに入れたまますぐに冷凍します。

しっかり凍ったら、フリーザーバッグに入れ替えて保存してね！

Buono Buono!

モグモグ期 7〜8ヵ月

かぶ

材料 [6個分]
かぶ……2株（450g）
※かぶは離乳食で使う正味量が少ないので、使用する量を多くしています。

作り方
1. 葉を切り皮をむいて4等分にし、耐熱皿に乗せて上から軽く水（分量外）をふりラップをし、電子レンジで5分加熱する（写真ⓐ）。
2. 粗熱がとれたら、スジを取るために中央部分のかぶをこそげ取り、包丁で1mm幅に刻む（写真ⓑ）。
3. お弁当カップに小分けしすぐに冷凍する。食べるときは、電子レンジで1個30〜40秒加熱する。

食べちゃうポイント
かぶはスジがかたいので、スジをとったやわらかい部分だけ冷凍保存してください。

大根

材料 [7個分]
大根……1/4本（200g）

作り方
1. 皮をむいた大根を厚さ1cmの半月型に切り、耐熱皿に乗せて上から軽く水（分量外）をふりラップをして電子レンジで8分加熱。人差し指と親指でつぶせるくらいのやわらかさにする。
2. 湯を切り、一度水で流して粗熱をとったら1mm幅にきざむ。
3. お弁当用カップに小分けして、すぐに冷凍する。食べるときは、電子レンジで1個30〜40秒加熱する。

冬以外にとれた大根を使う場合は、刻んだら粉ミルクを足すと苦みがとれ食べやすいよ！

ほうれん草

材料 ［6個分］
ほうれん草……1束（200g）

作り方
1. 沸騰した湯でほうれん草をごくやわらかくなるまで中火で5分ゆで、水でしめてアクをとる。
2. 水けをしっかりしぼったら茎を切り落とし、葉の部分のみ1㎜幅にみじん切りにする。
3. 15gずつお弁当カップに小分けし、すぐに冷凍する。食べるときは、電子レンジで1個30～40秒加熱する。

> 赤ちゃんには葉の部分を使い、茎と根っこは大人が食べてね！

小松菜

材料 ［6個分］
小松菜……1束（300g）
粉ミルク……大さじ2
湯冷まし……大さじ2

作り方
1. ほうれん草と同じ手順で中火で5分ゆでて、葉の部分のみ1㎜幅に刻む。
2. 容器に移し、粉ミルクと水を加えて混ぜる。
3. お弁当カップに小分けし、すぐに冷凍する。食べるときは、電子レンジで1個30～40秒加熱する。

食べちゃうポイント
小松菜は繊維が多く苦みがあるので、粉ミルクと水を入れて食べやすくしました！

モグモグ期 7〜8ヵ月

ブロッコリー

材料 [8個分]
ブロッコリー（小房に分ける）
……1株（250g）
粉ミルク……大さじ2
湯冷まし……大さじ1

作り方
1. 沸騰した湯でブロッコリーをごくやわらかくなるまで中火で4分ゆで、粗熱をとる。
2. 包丁で穂先をそぎ切って穂先だけを1mm幅に刻み、粉ミルクと湯冷ましを和える（茎は大人が食べてね）。
3. お弁当カップに小分けし、すぐに冷凍する。食べるときは、電子レンジで1個30〜40秒加熱する。

かなり細かくしてね！

穂先をそいで

トントン！！

トントン…！！ 1mm幅に刻みます

粉ミルクと湯冷ましをたして、よく混ぜます

大さじ1（15g）ずつカップへ

すぐに冷凍！

固まったらフリーザーバッグでまとめて保存

食べちゃうポイント
ブロッコリーのつぶつぶが食べづらいので、粉ミルクと水を入れて甘みを足し、のどこしよくしました！

さつまいも

材料 [12個分]
さつまいも……1本（250g）
湯冷まし……大さじ6

作り方

1. さつまいもの皮をピーラーでむき、1cm厚の半月切りにして耐熱皿にのせる。水（分量外）を大さじ2ふりかけてラップをし、電子レンジで5分加熱する。
2. 粗熱をとったら包丁で1mm幅に刻み、湯冷ましを加える。
3. お弁当カップに小分けし、すぐに冷凍する。食べるときは、電子レンジで1個30〜40秒加熱する。

食べちゃうポイント
刻んだら水を加えると、食べるときパサつかずおいしく食べられるよ。

かぼちゃもじゃがいもも同じように作れます！水の量は加減してね

トマト

材料 [9個分]
トマト……2個（400g）
粉ミルク……大さじ1

作り方

1. 鍋にたっぷりの湯を沸かし、ヘタを取り、皮に十文字の切れ目を入れたトマトをゆでる。
2. 中火で3分ほどゆでたらトマトを冷水にかけながら皮をむく。トマトを半分に切り、タネをスプーンなどで取り除き1mm幅にきざむ（写真ⓐ）。
3. 粉ミルクとあえて（写真ⓑ）、製氷器に入れてすぐに冷凍する。食べるときは、電子レンジで1個30〜40秒加熱する。

食べちゃうポイント
粉ミルクを入れることで、酸味がとれて食べやすくなります。季節によって酸味が違うので、味見をして粉ミルクの量を調節してね。

ⓐ   ⓑ

モグモグ期 7〜8ヵ月

鶏ひき肉

材料［7個分］
鶏ひき肉……150g
水……¾カップ

作り方
1. 鍋に湯を沸騰させているあいだに、ひき肉と水をビニール袋に入れてもみ込む（写真ⓐⓑ）。
2. 1のひき肉を水といっしょに中火で4分ゆでる（写真ⓒ）。木べらなどでときどき全体を混ぜる（写真ⓓ）。
3. ザルにキッチンペーパーを敷き、2をゆっくり注ぎ、湯を切ったら1mm幅にきざむ。
4. お弁当カップに小分けし、すぐに冷凍する。食べるときは、電子レンジで1個30〜40秒加熱する。

> ひき肉と同量の水でもみ込むと、ゆでたとき団子になりませんよ！

豆腐

材料［7個分］
絹ごし豆腐……1丁（300g）

作り方
1. 耐熱皿に豆腐をのせ、ラップをせずに電子レンジで4分加熱する。
2. レンジからとり出し、キッチンペーパーをひいたザルにあげ、すぐに容器にうつして粗熱をとり、包丁で1mm幅に刻む。
3. お弁当カップに小分けし、すぐに冷凍する。食べるときは、電子レンジで1個30〜40秒加熱する。

> 豆腐を刻むとき、ヤケドに注意してね！

食べちゃうポイント
豆腐は水を切りすぎるとかたくなるので、ザルにあげたらすぐに容器に移してね。冷凍してもやわらかく、おいしい豆腐が食べられるよ！

 # 鮭

材料 [5個分]
生鮭 ……1切れ（100g）
湯冷まし……大さじ3

作り方

1. たっぷりの水を沸騰させたら、鮭を切り身のまま中火で3分ゆでる。
2. ザルに上げ一度水でアクを洗い流し、水けをキッチンペーパーなどでとる。
3. 清潔な手で皮と骨を取りのぞきながら身をほぐし（写真ⓐ）、1mm幅にきざみ（写真ⓑ）、湯冷ましを加えて混ぜる。お弁当カップに小分けし、すぐに冷凍する。食べるときは、電子レンジで1個30～40秒加熱する。

細かくトントン刻んでね！

 # タラ

材料 [5食分]
真ダラの切り身 ……1切れ（100g）
湯冷まし……大さじ3

作り方

1. 鮭のほぐし身と同じように作る。

食べちゃうポイント

魚はおいしいけれど飲み込みづらいので、細かく刻んだら水を加えると飲み込みやすくなり、モリモリ食べてくれますよ！

細かくトントン刻んでね！

モグモグ期 7〜8ヵ月

ツナ缶

汁を足すと食べやすいよ！

材料 [4個分]
ツナ缶（食塩・オイル無添加のもの）……70g（汁を含む）

作り方

1. ツナ缶のツナと汁を分け、汁はとっておく。
2. 1mm幅にきざんで（写真ⓐ）、ツナ缶の汁（大さじ2）を足し、なめらかにする（写真ⓑ）。
3. お弁当カップに小分けし、すぐに冷凍する。食べるときは、電子レンジで1個30〜40秒加熱する。

キャベツ / 白菜

材料
キャベツ [6個分]
キャベツ……1/6個（200g）
白菜 [6個分]
白菜……2枚（200g）

作り方

1. キャベツと白菜は芯を切り落として葉のみを使う。キャベツは耐熱容器に入れ、軽く水（分量外）をかけてラップをし、電子レンジで7分加熱する。白菜はたっぷりの湯で中火で5分ほどゆでる。
2. しっかりと水けをしぼったら、1mm幅に細かく刻む（写真ⓐ）。
3. 15gずつお弁当カップに小分けし、すぐに冷凍する。食べるときは、電子レンジで1個30〜40秒加熱する。

余った野菜で！ミックス野菜

材料 [1個分]
キャベツ……5g
ほうれん草……5g
にんじん……5g

作り方

1. やわらかくゆでた野菜を1mm幅に刻んで混ぜ（写真ⓐ）、1食分お弁当カップに小分けし、すぐに冷凍する。食べるときは、電子レンジで1個30〜40秒加熱する。

和・洋・中 なんでもOK！
2week Set Menu
モグモグ期

解凍時間のめやす
耐熱皿に乗せてラップをせずに電子レンジで加熱してください。
カップ1個 —— 30〜40秒
※にゅうめん、うどん（p37）はラップをしたまま電子レンジでカップ1個あたり1分〜1分10秒加熱してください。

赤ちゃんの離乳がすすむと、あれもこれも食べて欲しいと思うのが親心。ストックした離乳食にひと味足したり、うまく組み合わせたりすればいろいろな味が楽しめます！

パングラタン
パンがゆ
＋
ほうれん草
＋
粉チーズちょっぴり

食べたらロールキャベツ
キャベツ
＋
ひき肉
＋
塩ちょっぴり

種類がたくさん！

作るママも
食べる赤ちゃんも
ニコニコ!!

モグモグ期 7～8ヵ月

月曜日

洋食

チキンライス

材料 [1人分]
- 7倍がゆキューブ（p36）……2つ
- 鶏ひき肉カップ（p43）……1つ
- ブロッコリーカップ（p41）……1つ
- トマトカップ（p42）……1つ
- トマトケチャップ……小さじ1/8

スイートポテト

材料 [1人分]
- さつまいもカップ（p42）……1つ

作り方
1. さつまいもカップを解凍したら、手に水をつけて直径1.5cmに丸める。

まるめてつかみ食べにチャレンジ♪

原寸大

使うキューブカップ
- 7倍がゆ
- 鶏ひき肉
- ブロッコリー
- トマト
- さつまいも

火曜日

和食

鮭と野菜の炊き込みご飯風

材料 [1人分]
- 鮭カップ（p44）……1つ
- 7倍がゆキューブ（p36）……2つ
- ほうれん草カップ（p40）……1つ
- スーパーふりかけ（p36）……2つまみ

さつまいものおみそ汁

材料 [1人分]
- さつまいもカップ（p42）……1つ
- カツオと昆布のだしキューブ（p20）……1つ
- みそ……小さじ1/8

使うキューブカップ
- 鮭
- 7倍がゆ
- ほうれん草
- スーパーふりかけ
- さつまいも
- だし

水曜日

使うキューブカップ ▼
- 7倍がゆ
- 鮭
- にんじん
- 白菜
- だし

中華

鮭チャーハン

材料 [1人分]
- 7倍がゆキューブ (p36) ……2つ
- 鮭カップ (p44) ……1つ
- にんじんカップ (p38) ……1つ
- 塩……少々

白菜の中華ミルク煮

材料 [1人分]
- 白菜カップ (p45) ……1つ
- 粉ミルク……小さじ½
- かつおと昆布のだしキューブ (p20) ……1つ

木曜日

使うキューブカップ ▼
- 7倍がゆ
- 大根
- 鶏ひき肉
- さつまいも
- にんじん
- だし

和食

肉じゃが

材料 [1人分]
- 鶏ひき肉カップ (p43) ……1つ
- さつまいもカップ (p42) ……1つ
- にんじんカップ (p38) ……1つ
- カツオと昆布のだしキューブ (p20) ……1つ

大根がゆ

材料 [1人分]
- 7倍がゆキューブ (p36) ……2つ
- 大根カップ (p39) ……1つ

肉じゃがは、具をつぶしながら混ぜてね！

金曜日 中華

モグモグ期 7〜8ヵ月

使うキューブカップ ▼
- 7倍がゆ
- キャベツ
- にんじん
- スーパーふりかけ
- 鮭
- かぶ
- スーパーふりかけ

中華丼

材料 [1人分]
- 7倍がゆキューブ（p36）……1つ
- キャベツカップ（p45）……1つ
- にんじんカップ（p38）……1つ
- スーパーふりかけ（p36）……少々

かぶと魚のあんかけ

材料 [1人分]
- 鮭カップ（p44）……1つ
- かぶカップ（p39）……1つ
- スーパーふりかけ（p36）……少々

土曜日 洋食

使うキューブカップ ▼
- 鶏ひき肉
- 7倍がゆ
- ブロッコリー
- さつまいも

鶏のクリームリゾット

材料 [1人分]
- 鶏ひき肉カップ（p43）……1つ
- 7倍がゆキューブ（p36）……2つ
- ブロッコリーカップ（p41）……1つ
- 粉ミルクと粉チーズ……各小さじ½

さつまいもサラダ

材料 [1人分]
- さつまいもカップ（p42）……1つ

かたかったら、湯ざましを入れて混ぜてあげてね。

日曜日 ・和食

使うキューブカップ▼
- 7倍がゆ
- 鶏ひき肉
- スーパーふりかけ
- にんじん
- 豆腐
- キャベツ
- スーパーふりかけ

鶏と野菜の混ぜご飯

材料 [1人分]
- 7倍がゆキューブ（p36）……2つ
- 鶏ひき肉カップ（p43）……1つ
- にんじんカップ（p38）……1つ
- スーパーふりかけ（p36）……2つまみ

豆腐チャンプルー

材料 [1人分]
- 豆腐カップ（p43）……1つ
- キャベツカップ（p45）……1つ
- スーパーふりかけ（p36）……1つまみ

月曜日 ・和食

使うキューブカップ▼
- うどん
- 鶏ひき肉
- 大根
- にんじん
- だし
- さつまいも

> きな粉をたすと、便秘予防に効果的。さらにおいしさもアップ！

けんちんうどん

材料 [1人分]
- うどんカップ（p37）……1つ
- 鶏ひき肉カップ（p43）……1つ
- 大根カップ（p39）……1つ
- にんじんカップ（p38）……1つ
- かつおと昆布のだしキューブ（p20）……1つ
- しょうゆ……小さじ⅛

スウィートヨーグルト

材料 [1人分]
- さつまいもカップ（p42）……1つ
- プレーンヨーグルト……大さじ1
- 砂糖……小さじ¼

火曜日 ② 洋食

モグモグ期 7〜8ヵ月

鶏と野菜の洋風煮込み

材料 [1人分]
- 鶏ひき肉カップ（p43）……1つ
- にんじんカップ（p38）……1つ
- かつおと昆布のだしキューブ（p20）……1つ
- 粉チーズ……1つまみ

使うキューブカップ
- 7倍がゆ
- トマト
- ブロッコリー
- 鶏ひき肉
- にんじん
- だし

ミネストローネがゆ

材料 [1人分]
- 7倍がゆキューブ（p36）……2つ
- トマトカップ（p42）……1つ
- ブロッコリーカップ（p41）……1つ
- トマトケチャップ……小さじ1/8

水曜日 ② 洋食

食べたらロールキャベツ

材料 [1人分]
- キャベツカップ（p45）……1つ
- 鶏ひき肉カップ（p43）……1つ
- 塩……1つまみ

使うキューブカップ
- パンがゆ
- ほうれん草
- キャベツ
- 鶏ひき肉

パングラタン

材料 [1人分]
- パンがゆキューブ（p15）……2つ
- ほうれん草カップ（p40）……1つ
- 粉チーズ……1つまみ

木曜日 2 和食

使うキューブカップ:
- キャベツ
- うどん
- スーパーふりかけ
- だし
- 鮭
- ブロッコリー

野菜うどん

材料 [1人分]
- キャベツカップ（p45）……1つ
- うどんカップ（p37）……1つ
- カツオと昆布のだしキューブ（p20）……1つ
- スーパーふりかけ（p36）……2つまみ（またはみそ・小さじ1/8）

鮭のちゃんちゃん焼き風

材料 [1人分]
- 鮭カップ（p44）……1つ
- ブロッコリーカップ（p41）……1つ
- みそ……小さじ1/8

金曜日 2 洋食

使うキューブカップ:
- 鮭
- うどん
- 豆腐
- トマト

鮭のクリームパスタ風

材料 [1人分]
- 鮭カップ（p44）……1つ
- うどんカップ（p37）……1つ
- 粉チーズ……小さじ1/8

豆腐のトマト煮

材料 [1人分]
- 豆腐カップ（p43）……1つ
- トマトカップ（p42）……1つ
- 粉ミルク……小さじ1/4

モグモグ期 7〜8ヵ月

土曜日 ② 和食

キャベツのミルクスープ

材料 [1人分]
- キャベツカップ（p45）……1つ
- カツオと昆布のだしキューブ（p20）……1つ
- 粉ミルク……小さじ1/4

使うキューブカップ ▼
- 豆腐
- ほうれん草
- さつまいも
- キャベツ
- だし

お豆腐おやき

材料 [1人分]
- A ┌ 豆腐カップ（p43）……1つ
    │ ほうれん草カップ（p40）……1つ
    └ さつまいもカップ（p42）……1つ
- 片栗粉……小さじ1

作り方
1. 耐熱皿にAを入れ、ラップをせずに1分30秒加熱したら、片栗粉をまぜて、直径4cm、厚さ5mmの円形にする。
2. フライパンにクッキングシートをしき、1を中火で片面1〜2分ずつ焼く。

日曜日 ② 洋食

キャロットヨーグルト

材料 [1人分]
- にんじんカップ（p38）……1つ
- プレーンヨーグルト……大さじ1
- 砂糖……小さじ1/4

砂糖を入れると酸味がやわらいで食べやすくなります！

使うキューブカップ ▼
- 鮭
- うどん
- ほうれん草
- スーパーふりかけ
- だし
- にんじん

鮭とほうれん草のうどん

材料 [1人分]
- 鮭カップ（p44）……1つ
- うどんカップ（p37）……1つ
- ほうれん草カップ（p40）……1つ
- カツオと昆布のだしキューブ（p20）……1つ
- スーパーふりかけ（p36）……1つまみ

COLUMN 3
はる兄、れんちび 育児ノイローゼに!?

はる兄とは10歳、れんちびとは7歳離れて誕生した杏ちゃん。
兄たちは杏ちゃんが産まれたときからお世話をしています。
ただでさえ大変な赤ちゃんのお世話を頑張ってくれていた兄たちですが、最近は、
成長して大イバリの杏ちゃんに、ちょっとお疲れ気味のようです…

オムツ替え

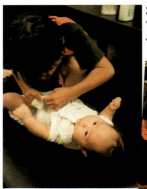

れんちびがちょっとモタつくと…

ヘタクソ〜 早くして〜!

このころから杏ちゃんの気の強さが!?

遊び
杏ちゃんが喜ぶなら…

ドス、ドス

トンネルもやります

容赦なく顔をたたきます。切っても切ってもすぐ伸びる爪が痛い!!

イタタタタ…

口に指を入れる、髪の毛をグイグイ引っ張ります。

お手伝い

たたんでも、たたんでも

ぐちゃぐちゃ…

洗濯ものってきもち〜

ぐったり…

杏ちゃん、早く寝て。
夜は遅くて、朝は早い。

えっへん!

でも 今日も杏ちゃんが一番エライのです!

お風呂に入れて、ご飯も食べさせて、泣いたら抱っこして、毎日杏ちゃん中心の生活。はる兄とれんちび、ありがとう―――!!

イベントごはん

赤ちゃんの成長は早く、ママやパパは追いつくのに精いっぱい。慌ただしい毎日だからこそ、節目のイベントは大事にお祝いしたいですよね。みきママ流イベントごはんなら、初期の赤ちゃんから大丈夫！ 家族でお祝いして、たくさんの思い出を残してください！

解凍時間のめやす
キューブ・カップともに電子レンジでラップをせずに
1つ　　　30～40秒
2つ　　　1分～1分10秒
3つ　　　1分30秒～1分40秒

HALF BIRTHDAY

6ヵ月のバースデー

材料
- さつまいもポタージュキューブ（p18）……2つ
- にんじんポタージュキューブ（p16）……2つ
- ほうれん草ミルク煮キューブ（p23）……1つ

作り方
1. 皿にさつまいもでケーキのベースを書く。竹串や爪楊枝など、先端が尖っているものを使用し凸型になるように描く。
2. にんじんとほうれん草で、ろうそく・文字などを描く。
3. 1の上にスプーンを使ってにんじんでハートを2つ描く。

HAPPY BIRTHDAY

1歳のバースデー

材料
- A［ホットケーキミックス……150g
　　牛乳……½カップ
　　卵……1個］
- いちご……4個
  （2個：角切り、2個：潰してピューレ状に）
- プレーンヨーグルト……50g
- 砂糖……大さじ½
- 赤ちゃん用ビスケット……4枚

作り方
1. 26cmフライパンを加熱する前にAを10cm・8cm・6cm・4cmの円型になるように流し入れてから、弱火で焼く。表面に小さい穴があいてきたら焼けた印。フライ返しで返し、もう片面を30秒程度焼き、皿に移して粗熱をとる。
2. プレーンヨーグルトにピューレ状にしたイチゴと砂糖を混ぜ、皿の底にイチゴヨーグルトを塗り、縦に1を大きい順に積み重ねる。
3. いちご1個はヘタをとり、ケーキの中心に立てる。角切りにしたいちごは全体に散りばめ、ビスケットをケーキに差し込む。

ゴックン期 5〜6ヵ月

野菜におかゆを混ぜると層がキレイにできるよ！

材料 [1人分]
ほうれん草ミルク煮キューブ（p23）……2個
にんじんポタージュキューブ（p16）……3個
おかゆキューブ（P14）……4個

作り方
1. キューブはすべてレンジで解凍する。ほうれん草（1個）におかゆ（1個）、にんじん（2個）におかゆ（1個）。残ったおかゆにさ湯をそれぞれ混ぜる。
2. 透明な容器に1のほうれん草粥→にんじんがゆ→おかゆの順に、層になるように流し入れ、残ったにんじんとほうれん草で花を竹串で描く。

モグモグ期 7〜8ヵ月

材料 [1人分]
おかゆキューブ（P36）……3個
ブロッコリーカップ（p41）……1個
鮭カップ（p44）……1個
にんじんカップ（p38）……1個
のり……適量

作り方
1. ひし形の型に、ブロッコリー、おかゆ、鮭の順に重ね、にんじんで丸を作り、のりで目と口を飾る。

ひなまつり

カミカミ期 9〜11ヵ月

材料 [1人分]
食パン（8枚切り）……2枚
プレーンヨーグルト……大さじ2
砂糖……小さじ½
イチゴ……1個
ほうれん草カップ（p40）……1個
ボーロ……適量

作り方
1. 食パンは耳を切り落とし、ハート形に切る。フォークで潰したいちご（½量）とほうれん草（10g分）にそれぞれヨーグルト、砂糖の半量ずつを混ぜる。
2. 1の1枚の片面にいちごヨーグルト、もう1枚の片面にほうれん草ヨーグルトを塗り、塗った方を上にして、ほうれん草、いちごの順番に重ね、残ったいちご、ボーロで飾り付ける。

パクパク期 1歳〜1歳半

材料（作りやすい分量：内径8cm×5cmのココット1個分）
A［ホットケーキミックス……150g
　牛乳……100cc
　卵……1個
　砂糖……大さじ2］
いちご……3個
砂糖……大さじ1
プレーンヨーグルト……200g

作り方
1. ヨーグルトを電子レンジで1分30秒、ラップをせずに加熱し、2重にしたキッチンペーパーを敷いたザルにあげ、しぼって水けを切る。⅓ほどになったら砂糖を混ぜ、冷凍庫で20分冷やす。
2. Aを混ぜて、内側をクッキングシートをしいたココットに100g分入れ、串で2〜3周して軽くココットごと落とし、ラップをせずに電子レンジで1分加熱する。乾燥しないようにラップで包み、20分ほど粗熱を取る。
3. 2のまわりの凹凸を包丁で削ぎ切り、1のヨーグルトといちごでデコレーションする。

材料 [1人分]
- にんじんポタージュキューブ（p16）
（1個はおかゆと混ぜる。1個はそのまま使用する。）……2個
- さつまいものポタージュキューブ（p18）
（1個はおかゆと混ぜる。1個はそのまま使用する。）……2個
- ほうれん草ミルク煮キューブ（p23）
（1個はおかゆと混ぜる。1個はそのまま使用する）……2個
- おかゆキューブ（p14）……2個
- のり……適量

作り方
1. 野菜のキューブ1個ずつと、おかゆキューブのうち大さじ½ずつをそれぞれ混ぜて3種類のおかゆを作る。
2. 1でこいのぼり、残ったキューブで竿、おひさまを竹串で描き、のりで顔を作る。

ゴックン期 5〜6ヵ月

モグモグ期 7〜8ヵ月

材料 [1人分]
- にんじんカップ（p38）……2個
- ほうれん草カップ（p40）……2個
- じゃがいも……1個
- パンがゆキューブ（p15）……2個
- のり……適量

作り方
1. 鯉のぼりの形にしたパンがゆの上に、ほうれん草カップ（1個）、にんじんカップ（1個）、ゆでて刻んだじゃがいもをのせ、残りのにんじん、ほうれん草で竿、おひさまを描く。スライスチーズ（分量外）やのりを使って顔をつくる。

こどものひ

カミカミ期 9〜11ヵ月

材料 [1人分]
- 軟飯（p65）……80g
- A ケチャップ……小さじ1
- 鮭のほぐし身カップ（p44）……1個
- のり……¼枚
- にんじん（5mmの厚の輪切りをゆで、1枚を星の型で抜く）……⅛本
- ほうれん草カップ（p40）……1個
- スライスチーズ……¼枚

作り方
1. Aを混ぜ、ハートの形のシリコンカップに⅓ずつ盛り、スライスチーズとのりで顔、にんじんでうろこをつける。
2. 星形にしたにんじんとほうれん草で竿をつくる。

パクパク期 1歳〜1歳半

材料 [1人分]
- ご飯……100g
- 鮭のほぐし身カップ（p44）……1個
- スライスチーズ……1枚
- のり……½枚
- 皮なしウインナー……3本
- 塩……少々
- ケチャップ……適量

作り方
1. 三角形の鮭おにぎりをつくり、ご飯のまわりに塩を少々まぶし、チーズ・のりで兜、のりで顔、ケチャップでほっぺたをつくる。
2. ウインナーは鯉のぼりの形にしてゆで、チーズとのりで顔をつくってピックに刺す。

クリスマス

ゴックン期 5〜6ヵ月

材料 [1人分]
- にんじんポタージュキューブ（p16）……1個
- ほうれん草ミルク煮キューブ（p23）……1個
- さつまいもポタージュキューブ（p18）……1個
- おかゆキューブ（p14）……3個

作り方
1. おかゆ（2個）を容器に入れる。ほうれん草と残りのおかゆを混ぜてツリーを竹串で描く。
2. にんじんで星とオーナメントを、さつまいもでツリーの幹を描き、残りでまわりを彩る。

モグモグ期 7〜8ヵ月

材料 [1人分]
- さつまいもカップ（p42）……1個
- トマトカップ（p42）……2個
- パンがゆキューブ（p15）……2個
- ブロッコリーカップ（p41）……1個
- のり……1/4枚
- スライスチーズ……1/8枚

作り方
1. サンタさんを描く。さつまいもを顔の形に皿に広げ、髭と帽子の毛糸はパン粥、鼻・帽子はトマトをのせ、目・口・眉毛をのりでつくる。チーズをのせ、まわりにブロッコリーを散らす。

カミカミ期 9〜11ヵ月

材料 [1人分]
- ●リース
- じゃがいもマッシュ（ラップで包んで1分加熱し、フォークでつぶす）……30g
- ミックスベジタブル（ゆでる）……適量
- ブロッコリー（ゆでる）……適量
- ●雪だるま
- ケチャップ・のり……少々
- 軟飯（p65参照）……90g
- A 塩……少々
- 鮭カップ（p44）……1個
- ミックスベジタブル……適量
- ブロッコリー……10g

作り方
1. じゃがいもマッシュはラップを使って、リース型に整えミックスベジタブルとブロッコリーを飾る。Aで鮭おにぎりを作り雪だるまの形にしてのりとケチャップで顔をつくる。ミックスベジタブルで鼻・帽子・体のボタンをつけ、まわりを飾る。

パクパク期 1歳〜1歳半

材料 [1人分]
- ●サンタクロース
- A ご飯……100g
- ケチャップ……大さじ1/2
- カニカマ（赤い部分）……2本分
- B ご飯……50g
- 塩……少々
- のり……適量
- ●クリスマスチキン
- 鶏もも肉……1/4枚
- 塩・こしょう……少々
- 皮なしウィンナ……少々
- カニカマ（赤い部分）……1本分

作り方
1. Aを混ぜ、おにぎりで鼻と顔の上部分を作り、帽子の部分はカニカマで覆う。Bをまぜ、おにぎりで帽子のポンポンとひげを作り、ラップで全体をまとめたら目と口と眉毛をのりでつくる。
2. 塩こしょうして焼き、小さく切った鶏もも肉とウインナでクリスマスチキンの形にして飾り、カニカマでリボンにする。

カミカミ期 9〜11ヵ月ごろ / パクパク期 1歳〜1歳半ごろ

カミカミ期…そろそろ1日3回、決まった時間に食べさせたい時期です。おっぱい・ミルクより、離乳食でとる栄養を増やしましょう。手づかみ食べもさせてあげて！

パクパク期…3回食のほか、おにぎりやパン、果物などおやつもあげて栄養を補いましょう。調味料もほとんど使えるようになりますが、うす味を心がけてくださいね！

かたさ、大きさは？

[カミカミ期]

指でつぶせるバナナくらいのやわらかさ

赤ちゃんは、奥歯の歯ぐきでつぶして食べます

ママチェック!! ママが前歯だけでかんでするっと飲み込めますか？

[パクパク期]

肉だんごくらいのやわらかさ

前歯でちぎり、奥歯でつぶせますが、まだメインは歯ぐきです。かたいものは小さくしてあげて。

ママチェック!! ママが軽くかんでするっと飲み込めますか？

どのくらいあげたらいいの？

☆バターや炒め油も使えるようになってきます。パクパク期は揚げ物も少量ならOKです！

1回食のめやす ほんのりした味つけで食欲アップ!!

[カミカミ期] 手づかみ食べも楽しんで！

 + + =

ごはん・パン・めん類 80〜90g ／ 肉・魚 15gくらい または 豆腐 40〜50g ／ 野菜 30〜40gくらい ／ 献立 125〜170g

[パクパク期] スプーンの練習もはじめましょう！

 + + =

ごはん・パン・めん類 80〜90g ／ 肉・魚 15〜20g または 卵 ½個 ／ 野菜 40〜50gくらい ／ 献立 135〜195g

杏ちゃん DIARY

9-11ヵ月

どんどん知恵がついてきて、みんなと同じものを欲しがります。とり分けのミニチュア離乳食ならモリモリ食べます。が、おいしくないと食べてくれません。きびし〜！

\はよしてや／

味にはきびしいわよ！

とり分け離乳食

ミニ肉じゃが定食　**鶏のつくね定食**

おかゆにはスーパーふりかけをかけます。どんな素材もおいしく食べてくれるから、つい野菜でも何にでもふりかけちゃう！

\泣いたり／　\噛んだり／

まいにち元気です！

\踊ったり／

自分で頭をなでなで。

口ぐせは
あーおう
あーおう

ちょっとさみしくなると涙が出るの。ママが離れて座ってるんだもん…隣にきて〜

ペットボトルに箸を入れたおもちゃです。

テレビに合わせて、おしりふりふりダンスです。

ずっと抱っこして！
でも最終的にはママのおっぱいが一番好きなの。

安定したパパの抱っこ

11ヵ月目
歩けるようになったよ。

つかんで食べると、床はめちゃくちゃです。新聞紙をしいて食べさせたら良かったなー

カミカミ期 9〜11カ月 / パクパク期 1歳〜1歳半 の

"みきママキーワード"は…

とり分けミニチュア離乳食

アラビアータなら

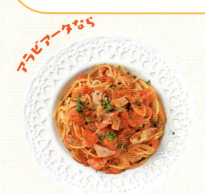

大人レシピの途中でとり分けたら、食べやすいように**細かく**します。水分を足して、レンジで**チン！** 赤ちゃん用として別に作らなくていいからラクラクです。

step 1 細かくして

カミカミ期は…

トントン

パクパク期は…

チョキチョキ

step 2 水を足して

チン！

step 3 完成！

見た目が同じだとご飯が進む〜！

ごはんがすすむ〜！！
しょうが焼き

甘辛のしっかり味でご飯が止まりません！ 安い豚こま肉が片栗粉でジューシーになりますよ！

大人レシピ

材料 [4人分]
- 豚こま肉……300g
- 玉ねぎ（薄切り）……1個分
- 片栗粉……大さじ1
- サラダ油……大さじ1
- A
  - しょうゆ……大さじ2
  - 酒・みりん……各大さじ2
  - 砂糖……小さじ2
  - おろししょうが……小さじ1
- キャベツ（せん切り）……適量

作り方

1. 豚肉に片栗粉をまんべんなくまぶす。
2. フライパンを強火で熱し、サラダ油大さじ½を入れ、1を焼き色がつくまで中火で片面3分ずつ焼いてとり出す。サラダ油大さじ½を足し、玉ねぎを入れしんなりするまで中火で炒め、豚肉をフライパンに戻す。
3. 2にAを加えて煮立て、強火でからめたら、皿にせん切りキャベツとともに盛りつける。

ここで離乳食にとり分ける

カミカミ期 パクパク期

カミカミ期
9〜11ヵ月

材料 [1人分]
- 大人レシピ**2**の豚肉……15g
- 大人レシピ**2**の玉ねぎ……30g
- A
  - しょうゆ……小さじ¼
  - 砂糖……小さじ¼
  - 水……大さじ3
  - 片栗粉……小さじ½

作り方
1. 大人レシピ**2**の豚肉、玉ねぎを3mmに刻み（写真ⓐ）、耐熱容器に入れる。
2. **A**を加えて混ぜ、ラップをせずに（写真ⓑ）電子レンジで2分加熱する。とり出してとろみがつくまで混ぜる（写真ⓒ）。

ⓐ 頑張って細かく切ってね

ⓑ

ⓒ とろ〜り

食べちゃうポイント
刻む＋片栗粉でとろみづけ＝かたいお肉もモリモリ食べます

パクパク期
1歳〜1歳半

材料 [1人分]
- 大人レシピ**2**の豚肉……20g
- 大人レシピ**2**の玉ねぎ……40g
- A
  - しょうゆ……小さじ¼
  - 砂糖……小さじ¼
  - 水……大さじ3
  - 片栗粉……小さじ½

作り方
1. 大人レシピ**2**の豚肉、玉ねぎを7mm程度に刻み、耐熱容器に入れる。
2. **A**を加えて混ぜ、ラップをせずに電子レンジで2分加熱し、とろみがつくまで混ぜる。

肉がかたいので細かくしてとろみをつけるとおいしいよ！

牛こま肉がまるで霜降り肉!!
牛丼

大人レシピ

牛こま肉に片栗粉をもみ込んで焼き時間を短くすると、高級肉のようになりますよー!

材料 [4人分]
- 牛こま肉……300g
- 片栗粉……小さじ2
- 玉ねぎ（5㎜幅のうす切り）……1個分
- ご飯……丼4杯分
- 紅ショウガ……適量
- A
  - 水……1カップ
  - 砂糖……大さじ4
  - しょうゆ……大さじ4
  - 酒……大さじ2
- B
  - かつおだしの素……小さじ1
  - おろししょうが……小さじ1/4

作り方
1. 肉に片栗粉をもみこむ（写真ⓐ）。
2. フライパンにAを入れて強火で煮立てたら、1と玉ねぎを加えて中火で約3分加熱する（片栗粉がとれないよう、肉はあまりさわらない）。煮えたら、いったん肉をとり出しておく。
3. 2にBを加え、さらに2分中火でふたをして玉ねぎを煮込み、最後に肉を戻してサッとからめる。
4. 器にごはんを盛り、その上に3を乗せ、お好みで紅しょうがを添える。

ここで離乳食にとり分ける

ⓐ

カミカミ期
9〜11ヵ月

材料 [1人分]
2の牛肉……15g
2の玉ねぎ……30g
水……大さじ3
A[水……大さじ8
   炊いたご飯……50g]

パクパク期
1歳〜1歳半

食べちゃうポイント
お肉を食べさせるコツはとにかく刻むこと！ のどごしがよくパクパク食べます

材料 [1人分]
大人レシピ2の牛肉……15g
大人レシピ2の玉ねぎ……40g
水……大さじ3
A[水……大さじ5
   炊いたご飯……80g]

作り方 [カミカミ期・パクパク期]

1. 大人レシピ2の玉ねぎ、牛肉をとり出し、カミカミ期は、3mm、パクパク期は、7mmの大きさに包丁で刻む。耐熱容器にうつし、水を加えて混ぜ、ラップをせずに電子レンジで3分加熱する。

2. Aがふかないよう、大きめの耐熱容器に入れて混ぜ、ラップをせずに電子レンジでカミカミ期は6分、パクパク期は3分加熱する。

3. 2を器に盛り、1をのせる。

> 大人にはお好みで、黒こしょうの追加や、ラー油を入れるとさらにおいしくなりますよ！

本格中華料理店の味!!
麻婆豆腐

大人レシピ

材料［4人分］
- 木綿豆腐（2cm角に切る）……1丁分（300g）
- 豚ひき肉……150g
- 長ねぎ（みじん切り）……1本分
- **A**
  - 甜麺醤……大さじ1
  - 豆板醤……小さじ¼
  - おろしにんにく・おろししょうが……各小さじ½
- **B**
  - 水……1と½カップ
  - しょうゆ……大さじ2
  - オイスターソース……小さじ2
  - 片栗粉……大さじ2
  - 鶏ガラスープの素……小さじ1
  - 砂糖……大さじ1
  - 黒こしょう……少々
- ごま油……小さじ1

作り方

1. フライパンにひき肉と長ねぎを入れて、肉の色が変わるまで強火で3分炒める。
2. **1**に**A**を入れて炒める。
3. 容器に**B**をすべて入れ（写真ⓐ）片栗粉を完全に溶かしたら、**B**と豆腐を**2**に加える（写真ⓑ）、強火にして木べらでフライパンをゆすりながら混ぜ、ひと煮立ちさせる。
4. 全体を木べらでざっくりと混ぜ、とろみがついたら仕上げにごま油（分量外）を入れてサッと火を通す。彩りに長ねぎの青い部分のみじん切り（分量外）をかける。

ここで離乳食にとり分ける

カミカミ期 パクパク期

カミカミ期
9～11ヵ月

材料 [1人分]

大人レシピの**1**の
ひき肉と長ねぎ……計20g
A ┌ みそ……小さじ¼
  │ 砂糖……ひとつまみ
  │ しょうゆ……小さじ⅛
  │ 水……大さじ3
  └ 片栗粉……小さじ½
木綿豆腐……30g

食べちゃうポイント
とろみをつけてのどごしアップ！

長ねぎが甘くておいしいよ♪

パクパク期
1歳～1歳半

材料 [1人分]

大人レシピの**1**の
ひき肉と長ねぎ……計25g
A ┌ みそ・砂糖・しょうゆ
  │ ……各小さじ¼
  │ 水……大さじ3
  └ 片栗粉……小さじ½
木綿豆腐……45g

作り方 [カミカミ期・パクパク期]

1 とり分けた豚肉と長ねぎを、カミカミ期は3mm、パクパク期は7mmくらいに刻み、耐熱容器にAと入れてしっかり混ぜ、豆腐を加える。

2 ラップをせずに電子レンジで2分加熱し、とり出したら豆腐をくずすようにとろみが付くまでかき混ぜる。

餃子

お肉たっぷりで大満足!!

大人レシピ

材料 [50個分]

- 豚ひき肉……500g
- キャベツ（みじん切り）……¼個分（300g）
- にら（みじん切り）……½束分（50g）
- 餃子の皮……50枚
- ごま油……大さじ1
- A
  - しょうゆ・オイスターソース……各大さじ2
  - ごま油・酒・砂糖……各大さじ1
  - おろししょうが・おろしにんにく……各小さじ2
  - 鶏ガラスープの素……小さじ1
- こしょう……少々

作り方

1. ボウルに、ひき肉、キャベツ、にらを入れて粘りが出るまでよく混ぜ、Aを加えてさらに混ぜてあんを作る。餃子の皮にあんをのせ、縁に水を少々（分量外）をつけて、ひだを寄せながら包み（写真ⓐ）、三日月の形に整える（写真ⓑ）。

2. フライパンに餃子を丸く25個並べ（写真ⓒ）、餃子の⅓の高さまで水（分量外）を注いで強火にかける。

3. 沸騰したら強火のままふたをして焼き、水分がなくなったらごま油を回しかける。ふたをとり中火で3分ほどしっかり焼き目をつけたら、最後に強火でカリッとさせ、皿をかぶせてひっくり返す。

ここで離乳食にとり分ける

ⓐ

ⓑ

ⓒ

カミカミ期 パクパク期

カミカミ期
9〜11ヵ月

食べちゃうポイント
たねに片栗粉を加えると、ゆでたときに肉汁が逃げ出さないからジューシーです！

水餃子

材料 [1人分]

- 大人レシピ**1**の餃子のあん
  B ……20g
- 片栗粉……小さじ¼
- 餃子の皮……2枚
- しょうゆ……小さじ¼

パクパク期
1歳〜1歳半

しょうゆはかけなくてもOK！

食べちゃうポイント
たくさんの水で蒸して焼くのでやわらかく焼き上がります。

焼き餃子

材料 [1人分]

- 大人レシピ**1**の餃子のあん……25g
- 餃子の皮……2枚
- サラダ油……小さじ¼
- しょうゆ……小さじ¼

作り方 [カミカミ期・パクパク期]

1. 大人レシピの**1**・**A**を加える前のあんを餃子の皮で包む。カミカミ期は混ぜた**B**を包む。
2. カミカミ期はたっぷりの湯を沸かし、**1**を中火で5分ゆで（写真ⓓ）、食べるときに3mmに刻む（写真ⓔ）。
3. パクパク期はフライパンに**1**を並べ、餃子の高さ½の高さまで水（分量外）を注ぎ強火にかける。沸騰したらふたをして水けがなくなるまで加熱し水分がとんだら油をまわしかけ焼き色をつける。食べるときに7mmにちぎり、しょうゆをかけてたべる。

絶品のたれがポイント!!
焼きとり

大人レシピ

串で刺しながら食べてね!!

材料 [4人分]
- 鶏もも肉（1枚を12等分に切る）……2枚分
- 長ねぎ（1本を12等分に切る）……2本分
- 塩……小さじ¼
- ●たれ
  - しょうゆ・みりん・砂糖……各大さじ2
  - 酒・オイスターソース……各大さじ1
  - 片栗粉……小さじ1

作り方

1 鶏肉に塩をもみこみ、強火で熱したフライパンに入れ、鶏肉と長ねぎを中火で片面3分ずつ焼く（写真ⓐ）。長ねぎは焼き色がついたものから先に皿へ移す。鶏肉は焼けたものから皿に移し、こげそうになったら火を弱め調節する。

ここで離乳食にとり分ける

2 フライパンの汚れをふきとり、よく混ぜたたれの材料を入れて強火にかけ、とろみがついたら**1**を戻してさっとからめる。

カミカミ期 パクパク期

カミカミ期
9〜11ヵ月

材料 [1人分]

大人レシピ**1**の鶏もも肉……15g
大人レシピ**1**の長ねぎ……30g
A ┌ しょうゆ……小さじ¼
　　│ 砂糖……小さじ⅛
　　│ 水……大さじ2
　　└ 片栗粉……小さじ¼

食べちゃうポイント
しょうゆと砂糖の味つけで、食欲がアップ！

パクパク期
1歳〜1歳半

材料 [1人分]

大人レシピ**1**の鶏もも肉……20g
大人レシピ**1**の長ねぎ……40g
A ┌ しょうゆ・砂糖……各小さじ½
　　│ 片栗粉……小さじ⅛
　　└ 水……大さじ1

作り方 [カミカミ期・パクパク期]

1 大人レシピ**1**の鶏肉、長ねぎをカミカミ期は3mm、パクパク期は7mmに刻み、耐熱容器に移す。**A**を混ぜながら加え、ラップをせずに電子レンジで3分加熱する。

2 とろみがつくまでかき混ぜる。

ヤケドに注意!!

鶏肉の皮はかみきれないから入れないでね！

大人レシピ

みそのコクでクセになる!!
鮭のホイル蒸し

材料 [4人分]
生鮭……4切れ
A［みそ、砂糖……各大さじ4
　水……大さじ1］
長ねぎ……1本
しめじ……1パック

作り方

1. **A**をすべて混ぜてみそだれを作る

2. 長ねぎを1cmの斜め切りにし、しめじは石づきをとってほぐす。

3. 25×30cmのアルミホイルの下に**1**のたれ大さじ1を鮭の大きさに広げて（写真ⓐ）、鮭をのせ、さらに大さじ1のたれを鮭にのせ（写真ⓑ）、長ねぎ、しめじを置いてホイルを上下からかぶせ（写真ⓒ）、サイドを二つ折りにする。

4. フライパンに深さ2cmの水を張り、ふたをして沸騰させる。沸騰したら**3**を2つずつ入れて（写真ⓓ）中火で15分蒸し焼きにする（写真ⓔ）。

ここで離乳食にとり分ける

水が入らないよう、しっかり閉じてね

カミカミ期 パクパク期

カミカミ期
9〜11ヵ月

材料 [1人分]
大人レシピ**4**の鮭……15g
野菜（長ねぎ、しめじ）……計30g
水……大さじ2

作り方
1. 鮭と野菜を3mmに刻んで耐熱容器に入れ、水を入れて混ぜ、ラップをせずに電子レンジで1分加熱する。

パクパク期
1歳〜1歳半

食べちゃうポイント
みその甘みでご飯がすすんじゃいます！

牛丼（p65）のように、おかゆをたしてあげてね！

材料 [1人分]
大人レシピ**4**の鮭……20g
野菜（長ねぎ、しめじ）……計40g
水……大さじ1

作り方
1. 鮭と野菜を7mmに刻んで耐熱容器に入れ、水を入れて混ぜラップをせずに電子レンジで1分加熱する。

大人レシピ

みんな大好き♥♥
カレーライス

材料 [8人分]
- 豚こま切れ肉……300g
- A
  - じゃがいも（乱切り）……2個分
  - 玉ねぎ（薄切り）……2個分
  - にんじん（乱切り）……1本分
- サラダ油……大さじ1
- カレールウ（中辛）……1箱（200g）
- はちみつ……大さじ2
- 水……適量

作り方
1. フライパンにサラダ油を入れ、豚肉とAを入れて、中火で5分ほど炒める。
2. カレールウの表示どおりの水（分量外）を加え強火で煮立て、アクをとりながら弱めの中火で20分煮る。
3. 火を止めてカレールウを割り入れ（写真ⓐ）、混ぜて溶かす。
4. はちみつを加えて、ときどき混ぜながら弱火で5分、とろみがつくまで煮る。

ここで離乳食にとり分ける

はちみつを入れると、甘さとコクが出て、とまりませんよ！

カミカミ期 パクパク期

カミカミ期
9〜11ヵ月

材料 [1人分]

大人レシピ2の豚肉……15g
大人レシピ2の野菜
　（じゃがいも、玉ねぎ、にんじん）
　……計30g
大人レシピ2の煮汁……大さじ1
A ┌ カレー粉……小さじ1/8
　└ ケチャップ……小さじ1/8
B ┌ 水……大さじ8
　└ 炊いたご飯……50g

作り方

1. 豚肉と野菜を3mmに刻み、耐熱容器にAと入れて混ぜ、ラップをせずに、電子レンジで4分加熱する
2. Bを耐熱容器に入れて混ぜ、ラップをせずに電子レンジで6分加熱する。
3. 1を2にのせる。

うちのカレーは
めっちゃおいしいから
ためしてみて。

食べちゃうポイント

ほんのりカレー味にすることで、ご飯がモリモリ進みます！

パクパク期
1歳〜1歳半

材料 [1人分]

大人レシピ2の豚肉……20g
大人レシピ2の野菜
　（じゃがいも、玉ねぎ、にんじん）
　……40g
大人レシピ2の煮汁……大さじ3
C ┌ カレー粉……小さじ1/8
　├ ケチャップ……小さじ1/4
　└ 塩……少々
D ┌ 水……大さじ5
　└ 炊いたご飯……80g

作り方

1. 豚肉と野菜を7mmに刻み、耐熱容器にCと入れて混ぜ、ラップをせずに、電子レンジで3分加熱する。
2. Dを耐熱容器に入れて混ぜ、ラップをせずに電子レンジで3分加熱する。
3. 1に2をのせる。

市販のルーですぐできる!! デミグラハンバーグ

ルウを使えば、お店のような濃厚な味がソッコー作れてパパも大喜びですよ!

大人レシピ

ここで離乳食にとり分ける

材料 [4人分]

豚ひき肉……400g
A ┌ 玉ねぎ(みじん切り)……1個分
　├ 卵……1個
　├ パン粉……30g
　├ 牛乳……½カップ
　└ 塩……小さじ½強
B ┌ こしょう……小さじ½
　└ ナツメグ……3ふり

C ┌ ビーフシチューの素……4かけ(90g)
　├ 水……3カップ
　├ ケチャップ・中濃ソース……各大さじ1と½
　├ しょうゆ……大さじ1
　├ 砂糖……大さじ2
　└ 顆粒コンソメ……小さじ½
しめじ(石づきをとってほぐす)……1パック
玉ねぎ(うす切り)……1個分
●つけ合わせ
　┌ じゃがいも、にんじん、ブロッコリー
　└ ……各適量

作り方

1 ボウルにひき肉と**A**を順に入れて混ぜ、パン粉に牛乳がひたるように混ぜる。**B**を入れ、4等分してハンバーグの形に成形する。

2 フライパンに**1**を入れ強火で熱し、中火にして片面3分ずつ焼いたら別の皿にとり出す。

3 **2**のフライパンに玉ねぎとしめじを入れて炒め、しんなりしたら**C**を入れ、強火で熱し、木べらでかき混ぜながらルウを溶かす。

4 フツフツしてきたら中火にし、**2**を加え、7分ほど煮つめてとろみをつける。

カミカミ期 パクパク期

カミカミ期
9〜11ヵ月

[材料] [1人分]
- 大人レシピの**1**で
  とり分けたタネ……20g
- じゃがいも……15g
- にんじん……10g
- ブロッコリー……5g

[作り方]

1. ハンバーグのタネを3mmに刻んだら直径3cmの小判形に成形し、耐熱容器に入れる。ラップをして電子レンジで30秒加熱してそのまま蒸らし、粗熱をとる。

2. じゃがいもとブロッコリーは1分、にんじんは50秒、それぞれ水をふり、ラップをして電子レンジで加熱し、3mm程度に刻む。

食べちゃうポイント
小分けにすると、手づかみでモリモリ食べてくれます！

パクパク期
1歳〜1歳半

[材料] [1人分]
- 大人レシピの**1**で
  とり分けたタネ……25g
- 塩……少々〜小さじ1/8
- じゃがいも……25g
- にんじん……15g
- ブロッコリー……10g

[作り方]

1. ハンバーグのタネを直径4cmの小判形に成形し、強火で熱したフライパンに入れ弱めの中火にして片面1分ずつ焼く。お好みで大人レシピのデミグラスソースをごく少量（分量外）のせる。

2. じゃがいもは1分30秒、にんじん、ブロッコリーは1分、それぞれ水をふり、ラップをして電子レンジで加熱し、7mm程度に刻む。

77

大人レシピ

麺にもしょうゆで味付けすることで、お店のような本格的な味になります!!

わが家で本格中華!!
あんかけ焼きそば

材料 [4人分]
- 焼きそば麺……4玉
- 豚小間肉……200g
- **A**
  - 塩……少々
  - 片栗粉……大さじ1
- キャベツ(ざく切り)……1/4個
- にんじん(短冊切り)……1/2本
- 玉ねぎ(薄切り)……1/2個
- うずらの卵(水煮)……10個
- サラダ油……大さじ1
- **B**
  - 干し椎茸(4等分)……3枚
  - きくらげ(手でちぎる)……5個
  - 水……5カップ
- **C**
  - 鶏ガラスープの素……大さじ1
  - しょうゆ……大さじ4と1/2
  - 砂糖……大さじ1と1/2強
  - オイスターソース……大さじ1と1/2
  - おろししょうが……小さじ1
  - こしょう……少々
- 片栗粉・水(水溶き片栗粉用)……各大さじ5
- ごま油……大さじ1/2
- しょうゆ……小さじ2

作り方
1. 豚小間肉に**A**をもみ込んでおく。
2. フライパンにサラダ油を熱し、**1**の色が変わってきたらキャベツ、にんじん、玉ねぎを加え中火で2分炒める。野菜がしんなりしてきたら、**B**と(写真ⓐ)うずらの卵を加え中火で4分煮る。
3. **2**に、**C**を加え煮立て、全体に火が通ったら、水溶き片栗粉をくわえてとろみをつけ、ごま油を回してサッと火を通す。
4. 別のフライパンで焼きそば麺を炒めて、ほぐれたらしょうゆで味付けし、**3**をかける。

ここで離乳食にとり分ける

しいたけときくらげは水でもどさなくてもOK!煮ることですぐにもどります。

カミカミ期 パクパク期

カミカミ期
9〜11ヵ月

材料［1人分］

大人レシピ**2**の豚小間肉……15g
キャベツ・にんじん・玉ねぎ
　……計30g
大人レシピ**2**の煮汁……大さじ4
A［しょうゆ・砂糖……各小さじ¼
　　片栗粉……小さじ¼
チルドうどん……80g
うずらの卵（小さく切る）……½個

パクパク期
1歳〜1歳半

材料［1人分］

大人レシピ**2**の豚小間肉……20g
大人レシピ**2**のキャベツ・にんじん・玉ねぎ……計40g
大人レシピ**2**の煮汁……大さじ4
A［しょうゆ・砂糖……各小さじ¼
　　片栗粉……小さじ¼
チルドうどん……90g
うずらの卵（小さく切る）……½個

作り方［カミカミ期・パクパク期］

1. 大人レシピ**2**から豚小間肉、野菜、煮汁をそれぞれの分量とり出し、カミカミ期は3㎜、パクパク期は7㎜に刻む。耐熱容器に移し、煮汁と**A**を加えてよく混ぜる。

2. ラップをせず、電子レンジで4分加熱させたら、スプーンでとろみがつくまでかき混ぜる。

3. 小鍋にたっぷりの湯を沸かし、沸騰したらチルドうどんを表示時間より4分ほど長くゆでる。ザルに上げ器に盛ったら、キッチンばさみで細かく刻む。

4. **3**の上に**2**をかける。

食べちゃうポイント
お肉は小さく刻み、きくらげ、しいたけはかたいから入れないでね！

大人レシピ

炊飯器で絶品!! 海南チキンライス

材料 [2人分]
- 鶏もも肉（観音開きにする）……2枚
- 塩……小さじ¼
- 米（といで水気をきっておく）……2合
- 水……1と½カップ
- A
  - 鶏ガラスープの素……小さじ2
  - おろししょうが・おろしにんにく……各小さじ1
- パクチー・きゅうり・トマト……各適量

作り方
1. 炊飯器に米と水を入れ、上に塩をもみ込んだ鶏肉をのせて炊く（早炊きでも可）。
2. 炊いてる間にねぎソースを作る。輪切りにしたねぎを耐熱容器に入れ、ラップをして電子レンジで2分ほど加熱したら、Bを混ぜる（写真ⓐ）。
3. 炊き上がったら（写真ⓑ）、鶏肉をとり出して食べやすく切る（写真ⓒ）。
4. 残った大人用のご飯にAを混ぜて盛り付ける。

ここで離乳食にとり分ける

3種類のタレで食べてね！

うまねぎソース……適量

- 長ねぎ（小口切り）……½本分
- B
  - ごま油・サラダ油……各大さじ2
  - 鶏ガラスープの素……小さじ1
  - おろししょうが……小さじ2
  - うまみ調味料……ふたつまみ

スイートチリソース……適量

ナンプラー……適量

カミカミ期 パクパク期

カミカミ期
9〜11ヵ月

材料 [1人分]
大人レシピ3のご飯……50g
水……大さじ8
大人レシピ3の鶏肉……15g

作り方
1 鶏肉は皮をとり、手で細かくほぐし（写真ⓓ）、包丁で3mmほどに刻む（写真ⓔ）。大きめの耐熱容器に、ご飯、水を入れて混ぜラップをせずに電子レンジで6分加熱する。

食べちゃうポイント
鶏のうまみを吸ったご飯を、さらにレンジでやわらかくして食べやすくします！

パクパク期
1歳〜1歳半

材料 [1人分]
大人レシピ3のご飯……80g
水……大さじ5
塩……ひとつまみ
大人レシピ3の鶏肉……20g
トマト、きゅうり……計40g

作り方
1 深めの耐熱容器にご飯、水、塩を入れて混ぜ、ラップをせずに電子レンジで4分加熱する。
2 鶏肉は手で細かく裂き、包丁で切ったら1に添える。

ご飯を電子レンジにかけるときは、ふきこぼれやすいので、大きめの耐熱容器を使ってね！

あっというまにできちゃう!! フライパングラタン

大人レシピ

材料 [4人分]

- A
  - 鶏もも肉（ひと口大に切り、塩ふたつまみでもみ込む）……1枚分
  - 玉ねぎ（薄切り）……1個
  - バター……20g
- 薄力粉……大さじ3
- 牛乳……3カップ
- 水……1カップ
- しめじ（石づきを取ってほぐす）……1パック
- マカロニ（3分ゆでのもの）……150g
- 顆粒コンソメ……大さじ1と1/2
- ほうれん草（5cm長さに切る）……1/2束
- 黒こしょう……少々
- バター……30g
- 生クリーム……1カップ
- ピザ用チーズ……100g

作り方

1. フライパンを強火で熱し、Aを中火で4分炒める。肉に火が通ったら薄力粉を振り入れ、サッと炒める。そこに牛乳を少しずつ加え（写真ⓐ）、なめらかになったら水を加える。
2. 煮立ったら、しめじ、マカロニを加え（写真ⓑ）弱火の中火でふたをせず、ゆでるように5分煮る。ときどきへらで混ぜ、ほうれん草を加えてさらに1分煮る。
3. 2に生クリーム、コンソメ、バター黒こしょうを加え混ぜ、チーズを全体に乗せる。ふたをして弱めの中火で3分、チーズが溶けたら完成。

ここで離乳食にとり分ける

マカロニがゆであがるころにはベストなとろみになります！

カミカミ期 パクパク期

カミカミ期
9〜11ヵ月

材料 [1人分]
大人レシピ**2**の鶏肉・マカロニ・玉ねぎ・しめじ・ほうれんそう……計125g
水……大さじ2
ピザ用チーズ……6g

作り方 [カミカミ期・パクパク期]

1. 大人レシピ**2**をカミカミ期は3mm（写真ⓒ）、パクパク期は7mmに刻む（写真ⓓ）。耐熱容器に入れ、水、塩（パクパク期のみ）を加えて混ぜラップをせずに、電子レンジでカミカミ期は4分、パクパク期は3分加熱する。
2. 全体をかき混ぜ、チーズをかけさらに電子レンジで20秒加熱する。

食べちゃうポイント
濃厚な味わいでお肉も野菜もモリモリすすみます！飲み込みやすいよう細かく刻むことが大事です！

材料 [1人分]
大人レシピ**2**の鶏肉・マカロニ・玉ねぎ・ほうれんそう……計150g
塩……少々
水……大さじ1
ピザ用チーズ……10g

パクパク期
1歳〜1歳半

とっても食べやすくておいしいよ♥ グラタン大好き

大人レシピ

包丁いらず!! 回鍋肉

材料 [4人分]
豚小間肉……200g
片栗粉……小さじ2
キャベツ……¼個
ピーマン……3個
サラダ油……大さじ1
A ┌ 甜麺醤……大さじ2
  │ しょうゆ……大さじ1
  │ 砂糖……大さじ1
  │ おろしにんにく・鶏ガラスープの素
  │ ……各小さじ¼
  └ ごま油……大さじ½

作り方
1. タネをとったピーマンとキャベツはひと口大に手でちぎる。
2. フライパンの中で豚肉に片栗粉をもみこんだら（写真ⓐ）、サラダ油を回し入れて強火で熱し、中火にして片面2分ずつ焼く。
3. 2にキャベツとピーマンを加えて強火で炒め、キャベツがしんなりしたらAを入れサッとからめる。

ここで離乳食にとり分ける

豚肉は焼くときあまりいじらないでね！焼き色がついてから返すとカタマリ肉みたいになるよ！

カミカミ期 パクパク期

カミカミ期
9〜11ヵ月

材料 [1人分]
- 大人レシピ3の豚小間肉……15g
- 大人レシピ3のキャベツ・ピーマン……計30g
- A［水……大さじ4
-   片栗粉・みそ……各小さじ¼
-   しょうゆ……小さじ⅛］

作り方
1. 豚肉、キャベツ、ピーマンを3mmに刻み、Aと耐熱容器に入れて混ぜる。
2. ラップをせずに電子レンジで4分加熱し、とろみがつくまでかき混ぜる。

食べちゃうポイント
片栗粉パワーでお肉も野菜もツルン！と食べられるよ。ほんのりみそ味も食欲アップ！

パクパク期
1歳〜1歳半

材料 [1人分]
- 大人レシピ3の豚小間肉……20g
- 大人レシピ3のキャベツ・ピーマン……計40g
- A［水……大さじ3
-   片栗粉・みそ……各小さじ¼
-   しょうゆ……小さじ⅛］

作り方
1. 豚肉、キャベツ、ピーマンを7mmに刻み、Aと耐熱容器に入れて混ぜる。
2. ラップをせずに電子レンジで3分加熱し、とろみがつくまでかき混ぜる。

大人レシピ

ソース作りからパスタをゆでるまでフライパンひとつ！味はもちろんバツグンです。

トマト味のパスタといったらこの味付け!!
アラビアータ

材料［4人分］
- スパゲッティ（7分ゆでのもの）……300g
- 玉ねぎ（薄切り）……2個
- オリーブ油……大さじ2
- トマト缶（カット）……1缶（400g）
- 水……4カップ
- ベーコン（1cm幅に切る）……4枚
- **A**
  - ケチャップ……大さじ4
  - 中濃ソース……大さじ3
  - 砂糖……大さじ2
  - 赤ワイン（または酒）……大さじ2
  - 顆粒コンソメ……大さじ1と1/2
  - おろしにんにく……大さじ1/2
  - こしょう……少々
  - 鷹の爪（小口切り）……ふたつまみ
- パセリ（みじん切り）……適量
- 粉チーズ……大さじ2

作り方

1. 深めのフライパンを強火で熱し、オリーブ油、玉ねぎを入れてサッと絡め、弱めの中火で3分ほどふたをして蒸し焼く。ふたをとり、強火で2分ほどあめ色になるまで炒める。

2. 1にトマト缶と水を入れ、強火で煮立て、スパゲッティを半分に折って入れる（写真ⓐ）。強火のまま、ときどきかき混ぜて7分煮る（写真ⓑ）。

3. 2にⒶ、ベーコン、粉チーズを入れて混ぜ、強火で2分ほど汁けをとばすように炒める。器に盛ってパセリをふる。

ここで離乳食にとり分ける

カミカミ期 パクパク期

カミカミ期
9〜11ヵ月

材料 [1人分]

大人レシピ**2**のスパゲッティと玉ねぎ
　……計110g
A［粉チーズ・ケチャップ……各小さじ¼
　水……大さじ4
　粉ミルク……小さじ½］

作り方

1 スパゲッティを3mmの長さに刻み（写真ⓑ）、**A**と耐熱容器に入れて混ぜ、ラップをせずに電子レンジで4分加熱する（写真ⓒ）。

食べちゃうポイント
チーズと粉ミルクでコクと甘みをプラス！トマトの酸味が気になりません。

パクパク期
1歳〜1歳半

材料 [1人分]

大人レシピ**2**のスパゲッティと玉ねぎ
　……計130g
A［粉チーズ・ケチャップ……各小さじ½
　水……大さじ3
　塩……少々］

作り方

1 耐熱容器に入れたスパゲッティを7mmの長さにキッチンばさみで切り（写真ⓓ）、**A**を入れて混ぜ、ラップをせずに電子レンジで4分加熱する。パセリ（分量外）をふる。

杏ちゃん DIARY 12-15ヵ月

食べることが大好きで、一日中食べてます。表情も豊かでいつもニコニコ。でも思い通りにならないとギャー！！…わがまま娘で困ったな。

ある日の杏ちゃん

スイカ大好き 何個でもいけんで

ママも食べる？でも絶対くれません。くれようとするけど、くれるふりだけ。

おてつだいじゃまするの上手やで

口ぐせは ごう！ごう！ごう！

バイバイ、イエーイ、ママ（旦那のこともママ）、見る！おしゃべりができるようになりました。

まずはつぶして〜 → 食べて〜 → すいぶんほきゅう

全部自分でやりたいの！

ガンガン

工事現場かー

お口に入らないものは床へボタボタボター

もうおとなだもん

手でもたんかーい

ママはおにぎりやさんです

もう何個にぎったのだろう!?

ラップで一口サイズににぎってのりをくっつけるだけ！

1人で食べたいけど、食べムラがあるのでミニおにぎりを作って食べさせます。これだと茶碗1杯しっかり食べてくれます。

パパでかすぎやで

何でも大きな口でパクパク！

子どもごはん 1歳半～

家族と同じものが食べられるようになってきて嬉しいけれど、今度は好き嫌いや遊び食べ、食べムラが悩ましい時期。そろそろスプーンやフォークをひとりで使えるようにチャレンジしてみましょう。

かたさ、大きさは？

1㎝のミニおにぎりくらいの大きさ

前歯で噛みちぎれても、奥歯で小さくすることはまだ難しいので、肉は薄切りで。大きさは臼歯（1㎝未満）に乗るくらいからはじめ、成長するにつれ大きくしてあげて！

ママが数回かんで飲みこめますか？

ママチェック!!

どのくらいあげたらいいの？

1回量のめやす 薄味でもいろいろな「味」があることを教えてあげてね!!

 +  + =

| ごはん・パン・めん類 100g～ | 肉・魚 20gくらい
または
豆腐 30gくらい
または
卵 2/3個くらい | 野菜 50～60gくらい | 献立 180g |

☆刺し身や貝類は2歳からが安心です。食材をのどに詰まらせないよう、食事中は目を離さないでくださいね！

こどもごはんの "みきママキーワード"は…

「リメイク」で食べさせよう!!

1日目はおでんを食べて〜

あんかけやきそば
ちゃんぽん
中華おこわ

2日目は 大変身!!

栄養満点のおいしいメニューが、**攻めのリメイク**で新しいメニューに！元のメニューをたくさん作っておけば時短になるし、何よりも**家族を飽きさせません！**味はバッチリ、保証付きでーす！

☆大人食からのリメイクなので、年齢によって味付けを控えるなど調整してください。

子どもごはん 1歳半〜

ポテトサラダ から
→ ソッコーポテトキッシュ

ポテトサラダ

材料 [大人4人分]
じゃがいも（皮をむいて4〜8等分）……3個
きゅうり（斜め薄切り）……1本
玉ねぎ（繊維を断つように薄切りにして水にさらす）……½個
ハム（放射状に切る）……4枚
にんじん（いちょう切りにしてレンジで2分加熱）……½本
マヨネーズ……大さじ6
Ⓐ 酢……大さじ3
　 砂糖……大さじ2

作り方
1 じゃがいもは耐熱容器に入れ、ラップをかけて電子レンジで8分加熱する。じゃがいもが熱いうちにつぶし、Ⓐを加える。
2 1が冷めたら、野菜、ハム、マヨネーズを加えてざっくり混ぜ合わせる。

ソッコーポテトキッシュ

材料 [子ども2人分]
ポテトサラダ……150g
Ⓐ 卵……2個
　 牛乳……大さじ2
　 顆粒コンソメ……小さじ½
ウィンナ（斜めに5等分にカット）……2本
ピザ用チーズ……30g

作り方
1 ポテトサラダの酸味をとばすため耐熱容器に入れ、ラップをして4分加熱する。
2 ボウルにⒶを混ぜ合わせたら、ポテトサラダを加えて混ぜ合わせる。
3 2を直径8×5cmのココット2つに入れ、斜めにカットしたウィンナとピザ用チーズをのせて、トースターで15分ほどこげ目がつくまで焼く。

> レンジでチンすると、サラダの酸味がとんでコクに変わるよ!!

クリームシチュー

材料 [大人4人分]
鶏もも肉……1枚
玉ねぎ（薄切り）……2個分
にんじん（乱切り）……1本分
じゃがいも（乱切り）……2個分
サラダ油……大さじ1
シチューのルウ……1箱（170g）

作り方

1. 深めの鍋に具材とサラダ油を入れて、こがさないように中火で炒める。表示通りの水を加え、強火で煮立てる。
2. 沸騰したらアクをとり、鍋のふたを少しずらして弱火から中火で20分煮る。
3. 火を止めて、ルウを割り入れてよく溶かす。弱火にして、表示通りの牛乳を加えで混ぜながら煮込み、とろみがついたらでき上がり。

私はブラックペッパー抜きでね！

クロックムッシュ

材料 [子ども1人分]
食パン（8枚切り）……1枚
クリームシチュー（具材をフォークでつぶす）……大さじ2
ベーコン（5mm幅に切る）……½枚
ピザ用チーズ……15g
ブラックペッパー（大人のみ）……適量

作り方

1. 食パンの白い部分を指で押しつぶし（写真ⓐ）、その部分にクリームシチューを入れ、ベーコン、チーズを順にのせる。
2. トースターに**1**を入れて4分焼き、最後にブラックペッパーをふりかける。

子どもごはん 1歳半〜

揚げないクリームコロッケ

材料 ［ココット(直径8×高さ15cm)2個分］
- クリームシチュー……400g
- 薄力粉……大さじ2
- パン粉……大さじ4
- サラダ油……大さじ1と½
- 中濃ソース……適量

作り方
1. 冷めたクリームシチューに薄力粉を入れてよく混ぜ、完全に混ざったら中火にかける。
2. フォークでつぶしながらかき混ぜて、固めにとろみがついたらココット2つに入れる。
3. フライパンに油をひいて、パン粉を炒める。キツネ色になったら、1の上に乗せ中濃ソースをかける。

> 熱いシチューの場合は茶こしで薄力粉をふるい入れてから火にかけるととろみがつきます。

クリームシチュー から
- ⇒ クロックムッシュ
- ⇒ 揚げないクリームコロッケ

筑前煮

材料 ［大人4人分］

鶏もも肉（ひと口大）……1枚分
ごぼう（長めの乱切り）……1本分
たけのこの水煮（乱切り）……1本（150g）
こんにゃく……1枚（230g）
干ししいたけ（手でちぎる）……3枚
れんこん（乱切り）……150g
にんじん（乱切り）……1本分
里いも（3等分）……4個分
サラダ油……大さじ½
A［ しょうゆ……大さじ4
　　みりん、酒……各大さじ3
　　砂糖……大さじ2
　　和風顆粒だしの素……大さじ1強 ］
水……3カップ

作り方

1 こんにゃくはひと口大にスプーンでちぎって洗う。

2 フライパンにサラダ油を熱し、鶏肉、ごぼう、たけのこ、こんにゃくを強火で炒める。肉の色が変わったら、干ししいたけと水を入れる。沸騰したら、Aを加え、中火で5分煮こむ。

3 1のれんこん、にんじん、里いもを加え、ときどき混ぜながら、さらに15分煮こむ。強火にして水分をとばすように5分炒めたら、火を止めて30分ほど味を含ませる。

筑前煮 から

→ 中華春雨サラダ
→ 和風ハンバーグ

作りすぎた煮ものは別の料理に変身させれば、家族にも"残りもの"とバレません！

お弁当にもぴったりのおかずだね！

子どもごはん 1歳半～

中華春雨サラダ

材料 [子ども4人分]
筑前煮（細長く切る）……80g
春雨……20g
きゅうり（細切り）……½本分
A［酢……大さじ1と½
　しょうゆ・砂糖……各大さじ1
　ごま油……大さじ½］

作り方
1. 春雨をお湯でサッと戻して半分に切っておく。
2. 1に筑前煮ときゅうり、Aを入れ混ぜ合わせる（写真ⓐ）。

和風ハンバーグ

材料 [子ども4人分]
筑前煮（みじん切り）……100g
豚ひき肉……200g
パン粉……大さじ3
マヨネーズ……小さじ2
サラダ油……大さじ½
水……½カップ
●和風あん
［めんつゆ（3倍濃縮）……大さじ3
　砂糖……小さじ2
　片栗粉……小さじ1
　水……50cc］

作り方
1. 筑前煮、豚ひき肉、パン粉、マヨネーズを合わせてよくこね（写真ⓐ）、4等分にする。
2. フライパンに油を熱し1を並べ、中火にして片面2分ずつ焼き、水を入れふたをして5～6分蒸し焼きにして皿にとり出す。
3. あんの材料をフライパンに入れて、片栗粉を完全に溶かしてから中火にかけ、とろみがついたら3にかける。

野菜スープ から

→ **クリームパスタ**　→ **パエリア**
→ **ナポリタン**

野菜スープ

材料 ［大人4人分］

ウィンナ（4等分の斜め切り）……5本分
玉ねぎ（薄切り）……1個
にんじん（いちょう切り）……½本
キャベツ（小さくちぎる）……¼個
バター……20g
A┃顆粒コンソメ……大さじ2
 ┃しょうゆ……小さじ2
 ┃酒……大さじ2
 ┃おろしにんにく……小さじ1
 ┃塩・こしょう……各少々
 ┃水……5カップ

作り方

1. 鍋で、バターとウインナー、野菜を炒める
2. 1がしんなりしたら、Aを加えて、野菜がやわらかくなるまで煮込む。

クリームパスタ

材料 ［子ども2人分］

野菜スープ……汁200ccと具100g
牛乳……300cc
スパゲッティ（7分ゆでのもの）……100g
塩……ひとつまみ
こしょう……少々

作り方

1. 20cmの小鍋に野菜スープと具と牛乳を入れて煮立て、スパゲッティを半分に折って入れ（写真ⓐ）、弱めの中火でときどきかきまぜながら9〜10分煮る。
2. 強火にしてかき混ぜ汁気がほとんどなくなったら、塩、こしょうで味を調える。

ⓐ

牛乳は、火を強めて煮ると吹いちゃうよ!!

子どもごはん 1歳半〜

パエリア

材料 [子ども3人分]

A {
- 米（とがない）……1合
- 野菜スープ……汁250ccと具100g
- 水……50cc
- 顆粒コンソメ……小さじ½
- ターメリック……小さじ½
}
- ピーマン（タネを取り、縦に細切り）……1個
- ミニトマト……5個

作り方

1. 22cmの浅めのフライパンに、Aを入れて（写真ⓑ）混ぜてから強火にかけ、沸騰したら、蒸気のもれないふたをして弱火にして15分煮る。でき上がる5分前に、ピーマンとミニトマトを加える。
2. 炊けたら、火を止めてそのまま5分蒸らす。

> ターメリックがなかったら、カレー粉でも黄色くなりますよ！

ナポリタン

材料 [子ども2人分]

- 野菜スープ……200ccと具100g
- 水……300cc
- スパゲッティ（7分ゆでのもの）……100g
- ケチャップ……大さじ4
- 砂糖……小さじ1
- こしょう……少々

作り方

1. 20cmの小鍋に野菜スープと具と水を入れて煮立て、スパゲッティを半分に折って入れて、（写真ⓒ）弱めの中火で8〜9分ゆでる。
2. 強火にして汁気がほとんどなくなったら、ケチャップ、砂糖、こしょうで味を調える。

洋食屋さんのミートソース

材料［大人4人分］

豚ひき肉……200g
玉ねぎ（みじん切り）……2個
薄力粉……大さじ6（54g）
A ┌ トマト缶……1缶（400g）
　│ ケチャップ……大さじ6
　│ 中濃ソース……大さじ4と½
　│ 顆粒コンソメ……大さじ1と½
　│ 砂糖……大さじ2
　│ 塩……小さじ¼強
　│ 赤ワイン……大さじ3
　└ こしょう……ふたつまみ
水……300cc

作り方

1. フライパンに豚ひき肉、玉ねぎを入れて強火で炒め、肉の色が変わったら薄力粉を加えて炒める。
2. 1に水を少しずつ混ぜAを入れて、中火でときどきかき混ぜながら5分ほど煮こむ。

> 赤ワインのアルコールはしっかりとばしてね！！

> たくさん作って冷凍しておくと便利です！

チキンバターカレー風

材料［子ども2人分］

ミートソース……150g
A ┌ 牛乳……½カップ
　│ バター……15g
　│ カレー粉……大さじ½
　└ 粉チーズ……大さじ½
パセリ（みじん切り）……適量
ご飯……お茶碗1杯分

作り方

1. 鍋にミートソースとAを入れて（写真ⓐ）中火にかけ、混ぜながら煮る。バターが溶けて全体がなじんだら、火を止める。
2. 皿にご飯を盛り、1を盛りつけてパセリを散らす。

ⓐ

> カレー粉がないときは甘口のルウ（10g）でもOK。粉チーズは入れないでね！

子どもごはん 1歳半〜

レンジで2分弱!!
カンタンなのに
おいしい〜!

レンチン・ブリトー

材料 [子ども2人分]
ミートソース……大さじ4
片栗粉……小さじ2
食パン（8枚切り）……2枚
ピザ用チーズ……40g

作り方
1. ミートソースに片栗粉をよく混ぜる。
2. 食パンをめん棒で薄くのばし、食パンの半分にミートソース大さじ2をのせ、その上にピザ用チーズ（20g）を縁とミートソースの上にのせ（写真ⓑ）、ラップで全体をふんわり包む。もう1枚も同様に作る。
3. 電子レンジに **2** を2つ並べて入れ、1分40秒加熱する。

チーズをふちにものせてノリの役目をさせてね

洋食屋さんのミートソースから

→ チキンバターカレー風
→ レンチン・ブリトー → 揚げないコロッケ

揚げないコロッケ

材料 [子ども2人分]
ミートソース……100g
じゃがいも……2個
パン粉……大さじ2
サラダ油……大さじ2

作り方
1. じゃがいもは皮をむき、4〜6等分にしてラップをして電子レンジで6分加熱する。熱いうちにフォークでつぶし、ミートソースと和えて耐熱皿2枚に押しつけるように入れる。
2. パン粉を大さじ1ずつ **1** にのせ、サラダ油を大さじ1ずつかける（写真ⓒ）。
3. オーブントースターで **2** を10分加熱する。

かぼちゃの煮もの

材料［大人4人分］
- かぼちゃ（3cm角に切る）……½個分（800g）
- A
  - 水……1カップ
  - 砂糖・みりん・しょうゆ……各大さじ2
  - 酒……大さじ1
  - 顆粒和風だしの素……小さじ1

作り方
1. 26cmのフライパンに、皮を下にしてかぼちゃを入れ、Aを入れて強火で煮立てる。煮立ったらアルミホイルで落としぶたをして、弱めの中火で10分、やわらかくなるまで煮る。
2. 火を止めて、30分煮含める。

かぼちゃの煮もの から
→ キーマカレー
→ かぼちゃプリン

キーマカレー

材料［子ども2人分］
- かぼちゃの煮もの……80g
- 豚ひき肉……50g
- サラダ油……大さじ½
- 子ども用カレールウ……25g
- 水……150cc
- 中濃ソース……大さじ½
- ご飯……茶碗1杯分

作り方
1. フライパンでサラダ油を熱し、ひき肉を中火で2分炒める。
2. カレールウを加え（写真ⓒ）、ルウが溶けてきたら、水とかぼちゃ、中濃ソースを加え、かぼちゃをつぶしながら中火で2分炒める。

子どもごはん 1歳半〜

かぼちゃプリン

材料
[8×5cmのココット3個分]
かぼちゃの煮もの……80g
卵……2個
砂糖……大さじ5
牛乳……1カップ
●カラメルソース
　砂糖……大さじ4
　水……大さじ2
熱湯……大さじ4

作り方

1. かぼちゃの煮物をレンジで30秒ほど温め、フォークで粗くつぶしておく（写真ⓐ）。

2. ボウルに1と卵、砂糖、牛乳を入れ、泡立て器でよくすり混ぜ、細かい目のザルで漉してココットに流し入れる。

3. 26cmのフライパンにふきんをしく。アルミホイルをかぶせてゴムでしっかりとめたココットをふきんの上に並べ、ココットの⅔まで水を注ぎ、強火にかける。

4. 沸騰する直前で弱火にし、ふたをして15分蒸す。表面がかたまったらフライパンから取り出し30分ほど置いて粗熱を取り、冷凍庫で90分、急速に冷やす。

5. 小鍋に水と砂糖を入れ、4分中火にかけ、きつね色になったら、ふたでカバーしながら熱湯を入れる。30分ほど置いて粗熱を取り、冷蔵庫で1時間冷やして4にかける。

ⓐ

ⓑ

このプリン、甘くてとってもおいしいの♥

とろけるおいしさ!! 一度つくったらやみつきになります。

肉じゃが から

- → 和風カレーうどん
- → ジャーマンポテトサラダ

和風カレーうどん

材料 [子ども2人分]

肉じゃが……150g
子ども用カレールウ……¼箱（40〜50g）
水……2カップ
めんつゆ（3倍濃縮）……大さじ2
砂糖……小さじ½
水・片栗粉（水溶き片栗粉）……各大さじ1
ゆでうどん（商品表示通りにゆでたもの）……1玉

作り方

1. 小鍋に水・カレールウ、肉じゃが、めんつゆを入れ中火で煮立てる。
2. カレールウが溶けたら、水溶き片栗粉を入れ（写真ⓐ）、木べらで混ぜてとろみがついたら丼に盛ったうどんにかける

ⓐ

子どもごはん 1歳半〜

肉じゃが

材料［大人4人分］
豚こま肉……200g
玉ねぎ……1個
にんじん……1本
じゃがいも……3個
しらたき……1袋（180g）
水……1カップ
　しょうゆ……大さじ4
　酒……大さじ1
A 砂糖、みりん……各大さじ2
　顆粒和風だし……小さじ1/2
　おろししょうが……小さじ1/2

作り方
1. 玉ねぎはくし切り、にんじんは乱切り、じゃがいもは大き目の乱切り、しらたきはざく切りにして水で洗い、水けをきる。
2. 深めのフライパンに豚肉と1を入れて火にかける。肉をほぐしながら強火で炒め、肉の色が変わったら、水とAを加える。
3. 煮立ったらアクをとり、ふたをして弱めの中火で15分煮込む。ふたをとって強火にし、水分をとばすように1分ほど炒める

超おすすめ！混ぜるだけでカフェ風のサラダです。

ジャーマンポテトサラダ

材料［子ども2人分］
肉じゃが……100g
レタス（洗って水気を切って手で小さくちぎる）……2枚（60g）
粗挽き黒こしょう（最後のトッピング用）……少々
　マヨネーズ……大さじ1
A 粒マスタード……小さじ1/2
　粗挽き黒こしょう……少々

作り方
1. ボウルでAを合わせ、肉じゃがを入れて、軽く潰しながらよく和える（写真ⓑ）。
2. レタスも一緒に和えて、器に盛り、粗挽き黒こしょうをトッピングする。

こどもには粒マスタードとこしょう抜きでね！

103

五目豆

材料 [大人4人分]

- ごぼう（サイコロ状に切る）……1本分
- A にんじん（サイコロ状に切る）……1本分
- こんにゃく（水洗いし、サイコロ状に切る）……1枚（230g）
- 油揚げ（サイコロ状に切る）……1枚
- 干ししいたけ（手でちぎる）……3枚
- 大豆水煮……1袋（190g）
- 酒……大さじ2
- 砂糖……大さじ3
- B 昆布だしの素……小さじ2
- しょうゆ……大さじ3
- みりん……大さじ2
- 水……3カップ

作り方

1. 油揚げとAを炒め、油がまわったら水と干しいたけ、大豆、Bを入れ強火で煮立たせる。
2. 弱めの中火にしてときどきアクをとりながらふたをしないで20分煮る。火を止めて30分おき、味を含ませる。

五目豆 から

→ メンチカツ　→ チリコンカンパスタ
→ まぜるだけちらし寿司

メンチカツ

材料 [子ども3人分]

- 五目豆……100g
- A 豚ひき肉……150g
- 片栗粉……小さじ½
- パン粉……大さじ2
- サラダ油……大さじ1

作り方

1. Aをしっかり混ぜ、2つの楕円形（直径10cm×厚さ1.5cm）に整形し、アルミホイルにのせる。上からパン粉（半量ずつ）をのせ、さらにその上にサラダ油（半量ずつ）をかける（写真ⓐ）。
2. トースターで15分〜20分加熱し、中濃ソースをお好みでかけて食べる。

子どもごはん 1歳半～

チリコンカンパスタ

材料［子ども2人分］
五目豆……80g
おろしにんにく……小さじ½
A ┌ トマト（2センチ角切り）……1個
　├ ケチャップ……大さじ3
　└ 顆粒コンソメ……小さじ1
スパゲッティ（表示通りゆでる）……100g

作り方
1. フライパンに、にんにく、五目豆、トマト、Aを入れて、強火で2分かき混ぜながら煮つめる（写真ⓑ）。
2. スパゲッティにのせる。

ランチにぴったり！

まぜるだけちらし寿司

材料［子ども3人分］
卵……1個
砂糖……大さじ½
サラダ油……小さじ1
ご飯……300g
五目豆……100g
A ┌ 酢……大さじ4
　├ 砂糖……大さじ1と½
　└ 顆粒昆布だしの素……小さじ½
刻みのり……適量

作り方
1. 錦糸卵を作る。ボウルに卵と砂糖を入れ、白身を切るように混ぜる。直径22cmのフライパンを強火で1分熱してサラダ油を入れ、一度ぬれ布巾の上にのせ熱を慣らす。卵液を流し入れて全体にまわし、ふたをして弱火で1分半焼く。表面が完全に乾いたらまな板に移し、包丁で細く切る。
2. ボウルにご飯、五目豆、Aを混ぜ（写真ⓒ）、5分ほどおいてなじんだら皿に盛り1と刻みのりを飾る。

あっというまにできちゃう！

カレー

材料[大人8人分]
豚こま肉……300g
サラダ油……大さじ1
玉ねぎ（薄切り）……2個分
じゃがいも（乱切り）……2個分
にんじん……（乱切り）1本分
カレールー（甘口）……1箱（200g）
はちみつ……大さじ2

作り方
1. フライパンにサラダ油を入れて、豚肉と野菜を中火で5分ほど炒める。
2. カレールウを表示通りの水（分量外）を加え強火で煮立て、アクをとりながら、弱めの中火にして20分煮る。
3. 火を止めてルウを割り入れ、混ぜて溶かす。はちみつも加えて、弱火で5〜10分とろみがつくまで煮る。

つけ込みなしでからめるだけ。びっくりするくらいのおいしさです！

子どもごはん 1歳半〜

カレー から

→ **タンドリーチキン**
→ **カレーピクルス**

カレーピクルス

材料 [大人2人分]

きゅうり（長さを半分に切り、縦に4等分に切る）……1本分
赤パプリカ（ヘタとタネを取り、縦に4等分に切る）……½個分
塩……ふたつまみ
A ┌ カレー……100g
 │ 酢……大さじ1
 │ 砂糖……大さじ1
 │ 鶏ガラスープの素……ふたつまみ
 └ 粗挽き黒こしょう……少々

作り方

1 きゅうり、パプリカ、塩をポリ袋に入れて、軽くもみ込み（写真ⓒ）。そのまま15分おく。キッチンペーパーで水分をふきとる。
2 1とAを混ぜる（写真ⓓ）。

子どもはこしょうを抜き、調味料は半分にしてね

タンドリーチキン

材料 [子ども3人分]

鶏もも肉（1口大に切る）……1枚
塩……ふたつまみ
こしょう……少々
A ┌ カレー（ルウのみ）……100g
 │ ヨーグルト……大さじ2
 │ ケチャップ……大さじ2
 │ おろしにんにく・おろししょうが……各小さじ¼
 └ 砂糖……小さじ2
レタス……適量

作り方

1 鶏肉に塩、こしょうをもみこむ。フライパンを強火で熱し、鶏肉を皮を下にして入れ、中火にして焼き色がつくまで3分、ひっくり返して3分ほど焼いたら、ふたをして弱火で1分焼き、いったんとり出す。
2 フライパンの汚れをふきとって、Aをよく混ぜ合わせ、中火で煮立てる（写真ⓐ）。煮立ったら1を入れて強火で1分からめる（写真ⓑ）。ちぎったレタスとともに盛り合わせる。

あんかけやきそば

材料 [子ども2人分]

おでん……具3個と汁1カップ
豚こま肉……50g
片栗粉……小さじ1
サラダ油……小さじ1
おろししょうが……小さじ½
乾燥きくらげ（水でもどし粗く刻む）……2枚分
A ┌ オイスターソース……小さじ1
　└ 砂糖……小さじ½
ごま油……小さじ1
焼きそば麺……1玉
片栗粉、水（水溶き片栗粉）……各大さじ1

おでんは宝箱やで〜

作り方

1. おでんの具は薄切りにする。
2. 豚肉に片栗粉をもみ込む。熱したフライパンにサラダ油を入れ、しょうが、豚肉を炒め、1ときくらげ、おでんの汁、Aを入れて炒め煮にする（写真ⓐ）。火が通ったら水溶き片栗粉でとろみをつけて、最後にごま油を回しかける。
3. 別のフライパンに焼きそば麺を入れ、水適量（分量外）をふり、ほぐしながら炒める。
4. 器に3を盛り、2をかける。

ちゃんぽん

材料 [子ども2人分]

おでん……具2個と汁1カップ
牛乳……150cc
A ┌ 粉末鶏ガラスープの素……小さじ1
　│ おろしにんにく……小さじ¼
　└ こしょう……少々
中華麺……1玉
かまぼこ（細切り）……適量

作り方

1. おでんの具は細切りにして、鍋におでんの汁とともに入れ、Aも入れて牛乳がふきこぼれないように弱めの中火で温める（写真ⓑ）。
2. 1と同時に別の鍋で表示どおりに中華麺をゆで、しっかり湯をきる。
3. 器に2を盛り、1をかけ、かまぼこをのせる。

子どもごはん 1歳半〜

おでん

材料 [4〜6人分]
- ゆで卵（沸騰させた湯に入れ、10分中火でゆでて、氷水に浸して殻をむく）……4個
- 大根……½本
- にんじん……1本
- 練り物（お好みで）……12個
- こんにゃく……1枚
- はんぺん……1枚
- A
  - 水……7カップ
  - しょうゆ……大さじ3
  - 塩……小さじ1
  - 酒・みりん……各大さじ2
  - 顆粒和風だしの素……大さじ1
  - 顆粒昆布だしの素……小さじ2

作り方
1. 大根は2㎝厚さの輪切りにし、米のとぎ汁を強火で煮立てて、中火で10分下ゆでする。にんじんは大きめの乱切り、こんにゃくとはんぺんは食べやすく切る。
2. 土鍋にAと大根、にんじん、ゆで卵、こんにゃく、練り物を入れてふたをして弱めの中火で10分ほど煮る。はんぺんを加えてさらに10分ほど煮る。

中華おこわ

材料 [作りやすい分量]
- おでん……具4個と汁適量
- A
  - 米（といでおく）……2合
  - オイスターソース……大さじ1と½
  - 砂糖……小さじ2
  - ごま油……小さじ1
- 切り餅……1個

作り方
1. 炊飯器の内釜にAを入れ、おでんの煮汁を2合の目盛りどおり入れて混ぜる（写真ⓒ）。その上に刻んだおでんの具と切り餅をのせて炊飯する（写真ⓓ）。
2. 炊き上がったら、すぐに溶けた餅とご飯を混ぜ合わせる。

炊けたらソッコーで混ぜてね!!

おでん から
- → あんかけやきそば
- → ちゃんぽん
- → 中華おこわ

つくね

材料 [2本分]

ひじきの煮もの……50g
豚ひき肉……150g
片栗粉……小さじ½
水（蒸し焼き用）……½カップ
●たれ
　砂糖……大さじ1と½
　しょうゆ・みりん・水……各大さじ1
　酒・オイスターソース……各大さじ½
　片栗粉……小さじ½

作り方

1. ひじき、豚ひき肉、片栗粉をよく混ぜ、半量ずつをギュッとにぎり、長さ12cmの俵形にしてフライパンに並べる。フライパンを強火で熱し、中火にして片面2分ずつ焼いたら、水を入れてふたをし（写真ⓐ）、中火で5分蒸し焼きにして皿に盛る。
2. よくふいたフライパンにたれの材料をすべて入れ、片栗粉をよく溶かしてから中火にかけかきまぜながら煮つめ、1にかける。

> 混ぜるだけで、栄養満点のつくねのでき上がり！

> へらでひっくり返すときに折り目が切れる場合は、卵焼き器の端に押しつけると形がきれいに整うよ！

> 最初のひと巻きはきれいに巻けなくても大丈夫！

子どもごはん 1歳半～

ひじきの煮もの

材料 [大人4人分]

乾燥ひじき
（水でもどし、よく洗って水気を切る）……25～30g
にんじん（千切りにする）……1本分
油揚げ（せん切りにする）……1枚分
A ┌ しょうゆ……大さじ2と1/2
　├ 酒・みりん……各大さじ2
　├ 砂糖……大さじ1
　├ 顆粒和風だしの素……小さじ1
　└ 水……1/2カップ
サラダ油……大さじ1

作り方

1. フライパンを強火で熱し、サラダ油を入れ、ひじき、にんじん、油揚げを入れ中火にしてサッと炒める。
2. Aを加え、煮汁がなくなるまで中火で8分ほど炒める。

ひじきの煮もの から
→ つくね
→ だし巻き玉子

だし巻き玉子

材料 [1個分]

ひじきの煮もの……50g
A ┌ 水……大さじ4
　├ 卵……3個
　├ しょうゆ……小さじ2
　└ 砂糖……小さじ1
サラダ油……適量

作り方

1. ひじきをボウルに入れ、Aを加えて、卵の白身を切るようによく混ぜる。
2. 玉子焼き器を中火で熱し、サラダ油小さじ1程度を側面までキッチンペーパーを使ってひく。弱めの中火にして1/3量の1を全体に行き渡らせる。気泡が出てきたら箸でつぶし、弱火にして生地の表面が半熟で動かなくなってきたら、四つ折にする。残り2回も同様に流し入れ、弱火と弱めの中火をこまめに繰り返し、三つ折りにする。

弱めの中火にして1の1/3を流し入れ、フライパンを傾けて全体にゆきわたらせる。

奥から手前に向かって四つ折りにする。

巻いた玉子を奥へずらして、サラダ油をしっかり玉子の下までひき、残り2回に分けて卵を入れ、三つ折りにする。

著者

みきママ（藤原美樹）
おうち料理研究家。
週6000円台のおうち献立"を紹介したブログ『藤原家の毎日ごはん。』は、子育て中の若い主婦を中心に大人気。1日平均120万ＰＶ以上のアクセスを誇る。TVや雑誌、出版と幅広く活動の場を広げ、レシピ本『藤原さんちの毎日ごはん』シリーズをはじめとする書籍の累計売上130万部を突破。2015年2月にはYouTubeでの活動も開始し、チャンネル開設4ヶ月あまりで総再生回数500万回を突破するなど、Web動画の世界でも急速に存在感を増している。
長男（はる兄）、次男（れんちび）、長女（杏ちゃん）の3児のママ。

- ブログ「藤原家の毎日家ごはん。」
  http://ameblo.jp/mamagohann/
- Youtube「みきママChannel」
  https://www.youtube.com/c/mikimama

STAFF

管理栄養士：牧野直子（スタジオ食）

デザイン：室田敏江（志岐デザイン事務所）
撮影：赤石仁（赤石写真事務所）
スタイリング：山田晶子
調理協力：赤池博子　津久井杏里　平原麻美
編集：跡辺恵理子（赤ちゃんとママ社）

モリモリ食べちゃう！
みきママさんちの　アイデア離乳食

2016年2月22日　初版第1刷発行
2017年5月15日　初版第7刷発行

編者　　赤ちゃんとママ社
発行人　小山朝史
発行所　株式会社赤ちゃんとママ社

〒160-0003
東京都新宿区本塩町23番地
電話：03-5367-6592（販売）
　　　03-5367-6595（編集）
振替：00160-8-43882
http://www.akamama.co.jp
印刷・製本　シナノ書籍印刷株式会社

乱丁・落丁本はお取り替えいたします。無断転載・模写を禁じます。
©Mikimama2016. Printed in Japan
ISBN978-4-87014-115-5